Wissenschaftliches Denken und Arbeiten

W0179512

Martin Fromm, Sarah Paschelke

Wissenschaftliches Denken und Arbeiten

Eine Einführung und Anleitung
für pädagogische Studiengänge

Waxmann Münster / New York
München / Berlin

Bibliografische Informationen Der Deutschen Bibliothek
Die Deutsche Bibliothek verzeichnet diese Publikation in
der Deutschen Nationalbibliografie; detaillierte bibliografische
Daten sind im Internet über http://dnb.ddb.de abrufbar.

ISBN-10 3-8309-1688-4
ISBN-13 978-3-8309-1688-8

© Waxmann Verlag GmbH, Münster 2006

www.waxmann.com
info@waxmann.com

Umschlaggestaltung: Christian Averbeck, Münster
Titelbild: Marco Fischer, PhotoCase.com
Druck: Hubert & Co., Göttingen
Gedruckt auf alterungsbeständigem Papier, säurefrei gemäß ISO 9706

Inhalt

1. Einleitung

In Studien- oder Prüfungsordnungen steht üblicherweise, Ziel des Studienganges sei es, die Absolventen zu wissenschaftlichem Arbeiten im jeweiligen Fach zu befähigen. Darüber, was das bedeutet, haben Studienanfänger üblicherweise nur Vermutungen – sie sollen es ja auch erst noch lernen. Dazu will das vorliegende Einführungs- und Übungsbuch beitragen, indem es über Regeln und Verfahrensweisen wissenschaftlichen Arbeitens informiert. Es richtet sich dabei insbesondere an Studierende in pädagogischen Studiengängen.

Nach einer anfänglichen Klärung, was „Wissenschaft" ist und was man unter den Begriffen „Pädagogik" bzw. „Erziehungswissenschaft" versteht, bietet das Buch drei Zugänge, bei denen jeweils unterschiedliche Aspekte im Vordergrund stehen:

* *Kontexte/Situationen*, für die man wissenschaftlich arbeitet. Hier geht es darum zu klären, worin die Besonderheiten von Präsentationen, Prüfungen usw. bestehen und auf welche grundlegenden Unterschiede zwischen den Formen man achten sollte.

* Der zweite Zugang befasst sich mit verschiedenen *Arten des wissenschaftlichen Arbeitens*, etwa dem Sichten von Informationen oder dem Schreiben.

* Schließlich wird genauer auf das Handwerk, auf *konkrete Verfahrensweisen des wissenschaftlichen Arbeitens* eingegangen, etwa das Prüfen von Aussagen, das Zitieren usw.

Die aktive Aneignung dieses Wissens über wissenschaftliches Arbeiten wird mit zahlreichen Übungen unterstützt. Lösungsvorschläge zu den Übungen ermöglichen zudem eine Selbstüberprüfung des eigenen Lernprozesses.

Online-Materialien für Lehrende

Das vorliegende Buch basiert auf einem Online-Tutorial. In dieser Online-Fassung der Materialien können die Inhalte browsergestützt im Intranet eingesetzt werden, wodurch eine interaktive Bearbeitung der Übungen möglich wird.

Anfragen von Lehrenden sollten an die Abteilung Pädagogik der Universität Stuttgart gerichtet werden. Kontakt über http://www.uni-stuttgart.de/pae

Symbole im Text

!   Bitte beachten

   Bitte merken

➡   Mehr Informationen

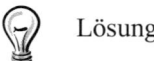   Übung

   Lösung

   Material

?   Fragen

2. Alltag und Wissenschaft

„Wissenschaft" erscheint üblicherweise in den Medien und wohl auch in den Augen der meisten Menschen als etwas Besonderes: besonders schwierig, geheimnisvoll, klug, kultiviert, beeindruckend, aber auch unverständlich, weltfremd, chaotisch, gefährlich. Dies Bild der Wissenschaft dürfte wesentlich darauf zurückzuführen sein, dass die meisten Menschen kaum etwas darüber wissen, wie es im Wissenschaftsbetrieb zugeht. Und wo man nichts weiß, blühen Vermutungen, Spekulationen, Gerüchte.

Zum Einstieg daher der Hinweis: In der Wissenschaft geht es ganz wie im richtigen Leben zu – „only more so", also in mancher Hinsicht zugespitzt. Hilfsweise kann man mit dem Begriff „Wissenschaftsbetrieb" arbeiten und sich diesen Betrieb ähnlich wie andere Betriebe vorstellen, die etwas herstellen – Toaster, Fernsehsendungen, Arzneimittel. Genauso wie es gute und schlechte Toaster und Fernsehsendungen gibt, gibt es auch gute und schlechte Untersuchungen, Veröffentlichungen, Vorträge im Wissenschaftsbetrieb. Genauso, wie es in allen Betrieben Personen gibt, die ihre Arbeit gut oder schlecht, engagiert oder desinteressiert machen, gibt es die auch im Wissenschaftsbetrieb. Es gibt hier wie dort die ‚verkannten Genies', die überschätzten Selbstdarsteller, richtig nette Menschen und absolute Ekel. Und wie im wirklichen Leben hat auch Prominenz im Wissenschaftsbetrieb mitunter bei genauerer Betrachtung wenig beeindruckende Ursachen: Man war gerade da, als …, kannte zufällig Jemanden, der wieder wen kannte …

Praktisch bedeutet das: Man sollte sich die Produkte des Wissenschaftsbetriebs genauso kritisch ansehen, wie die anderer Betriebe. Dass z.B. irgendetwas gedruckt worden ist, sagt noch nichts über die Qualität; mit etwas Geduld und/oder finanzieller Selbstbeteiligung kann jeder alles drucken lassen. Es gibt natürlich Prüfinstanzen (Lektorate, peer reviews), aber auch die sind nicht unabhängig, sondern vertrauen im Zweifel den bekannten Namen usw.

Erschwerend kommt hinzu, dass die Vorstellungen davon, was ‚gute' Wissenschaft ist, sehr verschieden sein können. Im Extrem wird in der einen Wissenschaftler‚gemeinde' als Meisterleistung gefeiert, was in der anderen als fachlich inkompetent und falsch angesehen wird. Diese Meinungsverschiedenheiten sind zwar je nach Wissenschaftsbereich und Fach anders und unterschiedlich stark ausgeprägt, durchgängig gilt aber, dass die Standards ‚guter' Wissenschaft kontrovers diskutiert werden – und sich verändern.

Auch wenn es kein allgemein verbindliches Wissenschaftsverständnis und entsprechend auch keine verbindlichen Standards wissenschaftlichen Arbeitens gibt, lassen sich doch einige weitgehend konsensfähige Angaben machen, wie man die Produkte des Wissenschaftsbetriebs auf Qualität prüft und wie man selbst den Anforderungen an wissenschaftliches Arbeiten gerecht werden kann. Das soll im Folgenden geschehen.

2.1 Wissenschaftsbegriff

Wie bereits angesprochen, ist erklärungsbedürftig, was „Wissenschaft" ist. Dazu drei Aussagen aus relativ willkürlich (deshalb ohne genauere Quellenabgabe) herausgegriffenen Enzyklopädien:

Comptons „Infopedia":

> „das auf den Zusammenhang der Dinge gerichtete, die dinghaften od. geistigen u. kulturellen Erscheinungen methodisch erforschende, d.h. ordnende, erklärende, begründende u. wertende Erkenntnisverfahren".

Bertelsmann Universallexikon:

> „Wissenschaft, ursprünglich das systematische Ganze der Erkenntnis (die Philosophie des Altertums und des Mittelalters). Mit der Ausbildung der neuzeitlichen Naturwissenschaften begann die Auflösung des universalen Wissenschaftsbegriffs zugunsten stärkerer Betonung der Einzelwissenschaften. Zugleich wurde die mathematisch-naturwissenschaftliche Methode Vorbild aller Wissenschaftlichkeit, der gegenüber erst im ausgehenden 19. Jahrhundert die Geisteswissenschaften ihre andersartige Methodik geltend machten. Wissenschaftlichkeit heißt: Methodik, Vorurteilsfreiheit, Wertfreiheit, Verifizierbarkeit, Möglichkeit der Kritik sowie Intersubjektivität."

Meyers Universallexikon:

> „Inbegriff dessen, was überlieferter Bestand des Wissens einer Zeit ist, v.a. der Prozeß methodisch betriebener Forschung und der Lehre als Darstellung der Ergebnisse und Methoden der Forschung. Die W. beginnt mit dem Sammeln, Ordnen und Beschreiben ihres Materials; weitere Schritte sind die Bildung von Hypothesen und Theorien. Die W. ist dem Ziel nach entweder theoret. bzw. reine W. oder angewandte bzw. prakt. W.; ihrem Inhalt nach werden die Natur-W. von den Geistes-W. unterschieden."

Erkennbar sind die Schwerpunkte dieser Definitionen unterschiedlich:
1. Wissenschaft ist charakterisiert durch bestimmte *Tätigkeiten*: ordnen, erklären, begründen, bewerten, Zusammenhänge herstellen (Comptons), sammeln, ordnen, beschreiben, Hypothesen und Theorien bilden (Meyer).

2. Wissenschaft ist charakterisiert durch die *Art, wie sie arbeitet* (z.B. die o.g. Tätigkeiten ausführt): Methodik, Vorurteilsfreiheit, Wertfreiheit, Verifizierbarkeit, Möglichkeit der Kritik sowie Intersubjektivität (Bertelsmann).
3. Wissenschaft ist charakterisiert durch das *Ergebnis* der o.g. Tätigkeiten: die Sammlung von Wissen (Meyer) oder die systematische Darstellung der Erkenntnis einer Zeit (Bertelsmann).

 Eine Übung zum Wissenschaftsverständnis in Kapitel 8.5: „Texte beurteilen".

2.2 Alltagsdenken vs. wissenschaftliches Denken

Wenn man, wie unter 1. und 3., die Betonung auf die Tätigkeiten und deren Ergebnisse legt, ist allerdings noch nicht recht erkennbar, was denn das Besondere an Wissenschaft bzw. wissenschaftlicher Tätigkeit ist. Auch Tante Erna hat ein Wissen über die Dinge dieser Welt: wie es im Sauerland aussieht, wo man Tomaten besonders billig kaufen kann, warum ihr Mann Ludwig immer den Hochzeitstag vergisst, dass Queen Mom neue Hüftgelenke hat.

Auch Tante Erna ordnet, erklärt (z.B. warum die Tomaten früher besser schmeckten), formuliert Hypothesen (z.B. wann Ludwig vom Kartenspielen nach Hause kommt), begründet (z.B. warum sie lieber Freitag als Donnerstag den Wocheneinkauf macht).

Ist also Tante Erna Wissenschaftlerin? Oder weiter: sind wir dann alle eigentlich Wissenschaftler? George A. Kelly (1955) hat tatsächlich vorgeschlagen, *alle* Menschen als Wissenschaftler zu betrachten und zu untersuchen, wie sie es konkret anstellen, durch sammeln, ordnen, bewerten usw. von Erkenntnissen ihr persönliches Wissenssystem über die Welt zu erstellen. Dieser Vorschlag hatte damals aber vor allem den Sinn, Menschen stärker als verantwortlich handelnde Wesen zu begreifen und nicht so sehr als willenlose Opfer gesellschaftlicher oder psychischer Zwänge, wie das nach Kellys Einschätzung zur damaligen Zeit in vielen psychologischen oder soziologischen Konzepten der Fall war.

Auch Kelly hätte Tante Erna nicht in der gleichen Weise als Wissenschaftlerin bezeichnet, wie er sich selbst als Wissenschaftler verstanden hat. Auch seine Sicht wäre wohl die gewesen, dass zwar kein grundsätzlicher Unterschied zwischen Laien und Wissenschaftlern in der Entwicklung von Erkenntnissystemen besteht, wohl aber in der konkreten Art, wie sie das tun. Tante Erna sammelt also wie jeder Wissenschaftler Informationen, sie sammelt aber anders, Tante Erna begründet Handlungen, aber sie begründet anders. Die wichtigste Charakterisierung von Wissenschaft und wissenschaftlichem Arbeiten geht also davon aus (s.o. Punkt 2), *wie* konkret gesammelt, geordnet wird.

Natürlich gibt es auch Unterschiede in den Themen, mit denen sich Wissenschaftler und Alltagsmenschen beschäftigen. Manche Themen, mit denen sich Wissenschaftler beschäftigen, sind sogar so speziell, dass sie nicht einmal ihre Fachkollegen verstehen, erst recht nicht Laien. Für pädagogische Themen gilt aber gerade dies nicht: Mit pädagogischen Themen befassen sich letztlich alle Menschen. dass und wie sie das *anders* tun als diejenigen, die sich mit diesen Themen wissenschaftlich befassen, ist mitunter nur schwer deutlich zu machen – und Ursache für zahlreiche Missverständnisse.

2.3 Pädagogik vs. Erziehungswissenschaft

Bevor wir Unterschiede zwischen alltäglicher und wissenschaftlicher Beschäftigung mit pädagogischen Fragen betrachten können, ist vorab eine Begriffsklärung erforderlich: In der Literatur ist von „Pädagogik" und „Erziehungswissenschaft" die Rede. Manchmal werden die Begriffe gleichbedeutend benutzt, manchmal unterschiedlich. Es gibt hierfür zwar keine präzisen Regeln, immerhin lassen sich aber die folgenden Unterscheidungen treffen:

Der Begriff „Pädagogik" ist der historisch ältere. Auf die beliebte Herleitung aus dem Griechischen können wir hier verzichten und festhalten, dass Pädagogik allgemein die Beschäftigung mit Erziehungs-, Bildungs- und Beratungsprozessen meint, und zwar die Beschäftigung in ihrer ganzen Breite: von grundsätzlichen ethisch-philosophischen Überlegungen zu Zielen der Erziehung über praktisch-pädagogische Konzepte für pädagogisches Handeln bis zu empirischen Untersuchungen der Erziehungswirklichkeit.

Historisch bedeutete das aber überwiegend, dass man sich auf tiefe Überzeugungen stützte, was gut und sittlich ist, Eindrücke und ungeordnete Erfahrungen von der Beschaffenheit der Erziehungswirklichkeit, Mutmaßungen, Erfahrungsregeln und Ratschläge für das pädagogische Handeln. Mit dem Zeitalter der Aufklärung (in Deutschland etwa ab der Mitte des 18. Jahrhunderts) wurde zunehmend die Forderung aufgestellt, diese vage erfahrungsbasierte Pädagogik zu einer wissenschaftlich begründeten zu entwickeln.

Kant begründet die Notwendigkeit einer Erziehungswissenschaft (ca. 1765) so:

„Die Erziehungskunst oder Pädagogik muss also judiziös werden, wenn sie die menschliche Natur so entwickeln soll, dass sie ihre Bestimmung erreiche. Schon erzogene Eltern sind Beispiele, nach denen sich die Kinder bilden, zur Nachachtung. Aber wenn diese besser werden sollen: so muss die Pädagogik ein Studium werden, sonst ist nichts von ihr zu hoffen, und ein in der Erziehung Verdorbener erzieht sonst den Andern. Der Mechanismus in der Erziehungskunst muss in Wissenschaft verwandelt werden, sonst wird sie nie ein zusammenhängendes Bestreben werden, und eine Generation möchte niederreißen, was die andere schon aufgebaut hätte." (1963, S. 14)

Allgemein lässt sich sagen: Wenn von „wissenschaftlicher Pädagogik" oder „Erziehungswissenschaft" die Rede ist, meint man damit die Beschäftigung mit pädagogischer Praxis von einer übergeordneten Ebene, einer Metaebene aus – man betrachtet und reflektiert pädagogische Praxis quasi aus der Vogelperspektive.

Diese systematische und wissenschaftlichen Regeln folgende Beschäftigung mit der Erziehungspraxis wird unterschieden von der Beschäftigung des Praktikers mit seiner Praxis. Auch Lehrer, Sozialpädagogen usw. denken über ihre Arbeit nach, sie tun das aber *anders* als wissenschaftlich arbeitende Pädagogen/Erziehungswissenschaftler. Um diese andere, nämlich wissenschaftliche, Beschäftigung mit pädagogischen Fragen von anderen Formen der Beschäftigung mit diesen Fragen zu unterscheiden, ist der Begriff der „Erziehungswissenschaft" eingeführt worden.

Zur Verwirrung trägt hier erstens bei, dass für die gleiche Art der Beschäftigung mit pädagogischen Fragen häufig weiterhin der Begriff „Pädagogik" benutzt wird und zweitens ein spezielleres Verständnis von Erziehungswissenschaft existiert.

„Pädagogik" wird häufig immer noch verwendet, um auch die wissenschaftliche Beschäftigung mit pädagogischen Fragen zu bezeichnen. Deshalb haben Lehrstühle und Institute an Universitäten, die nun eindeutig für den Wissenschaftszugang zuständig sind, häufig noch Bezeichnungen wie „Lehrstuhl für Pädagogik". Konkret heißt das: Wenn von „Pädagogik" die Rede ist, kann damit die praktische Pädagogik ohne wissenschaftlichen Anspruch (Erziehungspraxis und Erziehungskunde), aber auch die wissenschaftliche Beschäftigung mit pädagogischen Fragen gemeint sein. Wenn dagegen von „Erziehungswissenschaft" die Rede ist, ist damit grundsätzlich die praktische Pädagogik nicht gemeint, sondern eben eine wissenschaftliche Beschäftigung mit pädagogischen Fragen.

Der Begriff „Erziehungswissenschaft" kann dann aber in einem weiteren und in einem engeren Sinn verwendet werden. Der weitere meint die *wissenschaftliche* Beschäftigung mit pädagogischen Fragen, der engere meint nur die *empirische* Beschäftigung mit pädagogischen Fragen. Dies engere Verständnis geht auf einen Vorschlag Brezinkas zurück, der Ende der 60er Jahre des 20. Jahrhunderts die damalige Pädagogik als eine

> „tatsachenarme Pädagogik, die lediglich Grundbegriffe erörtert, philosophierend das Dasein auslegt und in gefälligen Wendungen unverbindlich an das Berufsethos erinnert" ([4]1978, S. 23)

kritisierte. Brezinka schlug damals vor, eine Dreiteilung vorzunehmen in die „Philosophie der Erziehung", die für die Diskussion und Festlegung von Erziehungszielen zuständig sein sollte, die „Praktische Pädagogik", die konkrete Handlungsanweisungen für die pädagogische Praxis entwickeln sollte, und die „Empirische Erziehungswissenschaft", die pädagogisch relevante Sachverhalte erforschen sollte. Wenn von „Erziehungswissenschaft" im Sinne Brezinkas die Rede ist, meint man also nur eine bestimmte Form der wissenschaftlichen Beschäftigung mit pädagogischen Fragen: die *empirische.*

Vereinfachend kann man für die Begriffe „Pädagogik" und „Erziehungswissenschaft" jeweils einen engeren und einen weiteren Begriff unterscheiden. Der engere Begriff der „Erziehungswissenschaft", wie ihn Brezinka vorgeschlagen hat, findet allerdings nur selten Verwendung und dann in Arbeiten, die sich mit empirischer Forschung befassen.

Grafisch lassen sich diese Begriffsvarianten so darstellen:

Begriffsgebrauch Pädagogik vs. Erziehungswissenschaft

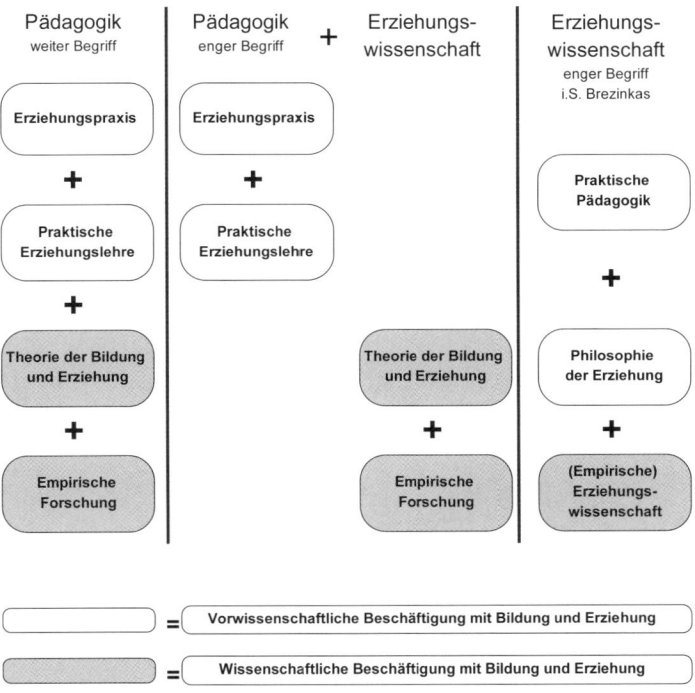

Wissenschaftliche Pädagogik oder Erziehungswissenschaft befasst sich – auch wenn sie unter dem weiten Begriff als „Pädagogik" bezeichnet wird – mit den beiden unteren Blöcken: der Theorie der Bildung und Erziehung und der empirischen Erforschung erzieherisch relevanter Tatsachen. Brezinka nimmt hier eine Sonderposition ein, wenn er nur für die empirische Beschäftigung mit erzieherisch relevanten Tatsachen das Prädikat „wissenschaftlich" gelten lässt. Wie sich die Beschäftigung mit Erziehung und Bildung auf den verschiedenen Ebenen unterscheidet, wird im Folgenden erläutert.

Eine Übung dazu befindet sich in Kapitel 8.1 „Begriffe klären": „Definition von Pädagogik/Erziehungswissenschaft anwenden".

2.4 Pädagogisches Alltagsdenken und Erziehungswissenschaft

Wenn wir die alltägliche und die wissenschaftliche Beschäftigung mit pädagogischen Fragen unterscheiden, geht es vor allem um das *Wie* dieser Beschäftigung, weniger darum, welche Fragen/Problemstellungen behandelt werden. So können etwa die folgenden pädagogischen Fragen/Probleme sowohl Eltern als auch Erziehungswissenschaftler beschäftigen – aber eben auf unterschiedliche Weise:

? Wie lange dürfen die Kinder fernsehen – und was?

? Sollen die Kinder im Haushalt helfen – und in welcher Form?

? Wie viel Taschengeld ist angemessen?

? Wie lernt man ein Instrument am besten?

Usw.

Wenn im alltäglichen Rahmen etwa über die Höhe des Taschengeldes entschieden wird, dann mag dies so geschehen, dass die Erwachsenen schlicht festlegen, was aus ihrer Sicht angemessen ist. Vielleicht überlegen sie auch, was das Kind nach ihrer Ansicht braucht, ob es angemessen mit dem Geld umgehen kann, wie viel Geld andere Kinder in diesem Alter bekommen usw.

Im Rahmen einer wissenschaftlichen Auseinandersetzung mit dieser Problemstellung würden Pädagogen (u.a.) auch diese Fragen stellen, dabei aber wesentlich kontrollierter, planvoller und genauer vorgehen. Sie würden z.B. die folgenden Fragen stellen/untersuchen:

? Was wollen die Eltern eigentlich mit dem Taschengeld erreichen? Anders: Welche Erziehungsziele sollen verfolgt werden? Geht es z.B. nur um die Fähigkeit, Geld einzuteilen, oder auch um Haltungen, etwa Genauigkeit, Genussfähigkeit, Frustrationstoleranz?

? In welcher Beziehung stehen diese Erziehungsziele zu anderen (impliziten und expliziten), die in dieser Familie Bedeutung haben? Ist es z.B. so, dass die Eltern hier Genauigkeit und Sparsamkeit erwarten, während ihr Erziehungsverhalten und das Geschehen in der Familie sonst stark von Spontanentscheidungen nach Gutdünken bestimmt werden?

? Wie werden die Ziele begründet/gerechtfertigt? Oder wird schlicht festgelegt, dass etwas so und nicht anders sein müsse?

? Welche Informationen gibt es darüber, wie die mit dem Taschengeld verbundenen Erziehungsziele am besten erreicht werden können? Wenn z.B. bestimmte Haltungen gefördert werden sollen, reicht es dann aus, Wünsche zu äußern, Vorbilder zu beschreiben, muss man selbst vorbildhaft leben, kann man Haltungen üben?

Während sich Menschen im Alltag hier auf persönliche Eindrücke, vielleicht noch auf die von Bekannten stützen, wären für den wissenschaftlichen Zugang so genannte empirische Untersuchungen kennzeichnend, d.h. Untersuchungen, die über Beschaffenheit und Beziehungen von pädagogisch relevanten Tatsachen untereinander informieren. Man könnte z.B. untersuchen, wie weit Kinder in bestimmten Altersstufen über Fähigkeiten zur Planung verfügen, wie ihre typischen Wünschen aussehen, welche Verhaltensmuster in der sozialen Gruppe der Gleichaltrigen akzeptiert und gefördert werden.

Bei all dem wäre ein wesentlicher Unterschied zur alltäglichen Auseinandersetzung mit der Problematik das Bemühen um intersubjektive Klarheit und Nachvollziehbarkeit, um so Aussagen prüfbar und auch kritisierbar zu machen. Das beginnt damit, möglichst präzise zu beschreiben, wovon die Rede ist. Wenn z.B. mit dem Taschengeld erreicht werden soll, dass das Kind „Selbstdisziplin" entwickelt, würde nicht als bekannt unterstellt, was damit gemeint ist, sondern anders als im Alltag genauer definiert, worum es geht. Das gilt ebenso bei den Begründungen für die verfolgten Ziele, bei der Beschaffung und Beurteilung empirischer Belege.

Dafür, wie man z.B. einen Begriff erklärt, wie man eine Argumentation aufbaut oder wie man pädagogische Tatsachen empirisch untersucht, haben Wissenschaftler Regeln formuliert, die handwerklich korrektes wissenschaftliches Arbeiten fördern sollen. Diese Regeln können nicht alles im Detail festlegen, lassen also mehr oder weniger breite Interpretationsspielräume im Einzelfall. Mitunter existieren auch verschiedene Regelsysteme nebeneinander, die prinzipiell demselben Zweck dienen – und weitgehend austauschbar sind –, aber unterschiedliche Strategien verwenden, etwa bei Zitierweisen. Schließlich gibt es für manche Probleme auch Regeln, die miteinander in Konflikt stehen, etwa bei der Frage, mit welcher Erhebungs- und Auswertungsmethode man denn empirische Tatsachen ‚genauer' untersuchen kann. In diesen Fällen ist es dann manchmal nicht möglich, auf eine Weise wissenschaftlich zu arbeiten, die allgemeine Anerkennung findet. Wenn eine Wissenschaftlergruppe als solides wissenschaftliches Arbeiten ansieht, was die andere als ungenau, unseriös oder groben Unfug beurteilt, kann man nur wissenschaftlich im Sinne der Regeln arbeiten, die eine bestimmte Wissenschaftlergruppe xy akzeptiert.

Es geht im Folgenden also nicht um ,das' wissenschaftliche Arbeiten, das von allen Wissenschaftlern (verschiedener Fächer und zu verschiedenen Zeiten) akzeptiert würde, sondern um Konventionen, die heute von einer hinreichend großen und einflussreichen Gruppe innerhalb der deutschen Pädagogik/Erziehungswissenschaft als sinnvoll und verbindlich akzeptiert werden.

 Als minimale Anforderungen an wissenschaftliches Arbeiten sind vorläufig zu nennen:

- Klarheit in den verwendeten Begriffen
- Klarheit im Aufbau/in der Struktur des Textes
- Klarheit im Aufbau der Argumentation
- Prüfbarkeit der empirischen Belege
- Nachvollziehbarkeit der theoretischen Begründungen

→ Vertieft wird das Thema im Kapitel 4.2 „Themen suchen und eingrenzen".

Da sich nicht nur Erziehungswissenschaftler mit Erziehungs- und Bildungsfragen befassen, sondern auch Laien, Journalisten, pädagogische Praktiker, Politiker usw. gibt es zahllose Quellen, die zudem ganz unterschiedliche Ansprüche und unterschiedlichstes Niveau haben.

Ein Politiker, der sich zu Bildungsfragen in einem Interview von 1 Min. 30 Sek. äußert, hat weder die Zeit, genauer zu erläutern und zu begründen, was er sagt, noch die fachliche Kompetenz, dies in wissenschaftlicher Weise zu tun. Er hat außerdem üblicherweise vor allem das Ziel, Zustimmung für seine Position zu gewinnen. Dabei stören Feinheiten ebenso, wie zu viel Verständnis für alternative Positionen. D.h.: Es geht nicht um die reflektierte Auseinandersetzung mit einer Idee, sondern darum, eine Idee zu verkaufen! Ähnlich interessiert den Praktiker vorrangig, ob und wie etwas machbar ist, und erst nachrangig, wenn überhaupt, ob es theoretisch stimmig und empirisch fundiert ist.

Natürlich kann (und sollte) man sich als Erziehungswissenschaftler auch mit Äußerungen von Politikern, Journalisten usw. auseinander setzen. Wichtig dabei ist aber, die grundsätzliche Differenz im Zugang zu Erziehungs- und Bildungsfragen nicht aus dem Blick zu verlieren, die sich ergibt, wenn man mit ihnen wissenschaftlich, politisch, volkswirtschaftlich usw. umgeht. Da sich fast Alle zu Erziehungsfragen äußern, ist es notwendig, genauer zu analysieren, *wie* sie das tun und wann sie dies als *Erziehungswissenschaftler* tun. Das ist allerdings nicht einmal bei Erziehungswissenschaftlern selbstverständlich:

Auch Erziehungswissenschaftler äußern sich nicht durchgängig und automatisch als Wissenschaftler, sondern äußern sich parteipolitisch, semijournalistisch usw. Und schließlich sind natürlich auch dann, wenn sich Erziehungswissenschaftler als Wissenschaftler äußern, nicht alle Beiträge von gleichem Niveau – und müssen entsprechend auch nicht gleich ernst genommen werden.

!　　Kurz: Ob und wie eine Information, die Äußerung einer Person o.ä. in einem wissenschaftlichen Zusammenhang beachtet werden sollte, muss grundsätzlich überprüft werden. Und zwar, indem man genauer untersucht, *wie* die Auseinandersetzung mit dem jeweiligen Thema stattfindet und ob sie Anforderungen an wissenschaftliches Arbeiten entspricht.

➡　　Vertieft wird das Thema im Kapitel 5.2 „Literaturrecherche".

2.5　Wissenschaftliches Arbeiten und Selbstmanagement

Erfolgreiches wissenschaftliches Arbeiten setzt natürlich voraus, dass man Regeln und Verfahrensweisen kennt und beherrscht. Zu wissen, wie es gemacht wird, garantiert aber noch nicht, dass Kenntnisse und Fähigkeiten dann auch erfolgreich eingesetzt werden. Im Fall des wissenschaftlichen Arbeitens klafft zwischen Kompetenz und Performanz oftmals deshalb eine große Lücke, weil nicht nur die Bewältigung bestimmter Problemstellungen erwartet wird, sondern eine im Laufe des Studiums zunehmend selbstständige Bewältigung komplexerer Aufgaben. Dieser Anspruch an die selbstständige und selbstverantwortliche Arbeit ist einerseits anregend und verlockend, verlangt andererseits aber auch zusätzliche Fähigkeiten, nämlich nicht nur die Arbeit, sondern auch das Arbeitsumfeld und sich selbst zu organisieren. Ergänzend zu der Einführung, die dies Buch in Regeln und Verfahrensweisen wissenschaftlichen Arbeitens bietet, werden deshalb in Kapitel 7 Fragen der Arbeitsorganisation und des Selbstmanagements ausführlich behandelt.

➡ Vertieft wird das Thema im Kapitel 7.1 „Selbstmanagement".

3. Verwendungszwecke

Bestimmte Tätigkeiten kommen beim wissenschaftlichen Arbeiten immer wieder vor; so wird man immer wieder etwas lesen, zusammenfassen und schreiben müssen. Was und wie viel gelesen wird, hängt jedoch davon ab, für welchen Verwendungszweck man arbeitet. Und auch die Aufbereitung wird sich unterscheiden, je nachdem, ob es um eine Präsentation oder um eine Examensarbeit geht. Wenn z.B. Kommilitonen in einem Referat kurz einen Überblick über ein bestimmtes Thema erhalten sollen, wird es nicht auf Einzelheiten ankommen, sondern auf ein paar gut fassbare Kernthesen, Hauptgedanken o.ä., die zum besseren Verständnis zusätzlich an Beispielen illustriert werden könnten. Absolute Feinheiten und Details sind für diesen Zweck weder notwendig noch hilfreich, weil hier alles von der Verarbeitungskapazität der Zuhörer abhängt. Ganz anders wird die Situation sein, wenn Texte für eine Prüfung gelesen und aufbereitet werden sollen. Hier ist erstens die Verarbeitungskapazität der Zuhörer deutlich höher und zweitens soll die Prüfung unter Beweis stellen, dass der Prüfling zu differenziertem wissenschaftlichen Arbeiten in der Lage ist.

Im Folgenden sollen zunächst kurz Verwendungszwecke angesprochen werden, die eine besondere Form des Arbeitens erforderlich machen. Daran anschließend werden dann grundlegende Arbeitsformen, die wissenschaftliches Arbeiten durchgängig kennzeichnen und nicht vom Verwendungszweck abhängig sind, dargestellt (Kapitel 5). Schließlich wird in Kapitel sechs der „handwerkliche" Teil wissenschaftlichen Arbeitens erklärt und geübt, also, „wie man es macht".

3.1 Referat/Präsentation

Ein Referat dient dazu, einer Gruppe von Personen einen *Überblick* über ein bestimmtes Werk (z.B. Inhalt einer Theorie, eines Buches) oder den Wissens- und Diskussionsstand zu einem Thema (z.B. Hochbegabtenförderung, Gesamtschulentwicklung) im Rahmen einer Präsentation zu vermitteln. Damit das gelingt, müssen allerdings die Besonderheiten und auch besonderen Grenzen dieser Vermittlungssituation berücksichtigt werden. Die wesentliche Leistung besteht daher nicht alleine darin, einen bestimmten Inhalt aufzubereiten. Dies muss vielmehr darüber hinaus in besonders knapper, anschaulicher und verständlicher

Form getan werden. Dafür sind unter anderem die Voraussetzungen der Adressaten zu berücksichtigen, die man beim Referat – anders als bei einer schriftlichen Arbeit – direkt in Erfahrung bringen und berücksichtigen kann.

→   Vertieft wird das Thema im Kapitel 4.5 „Referate halten/Thema präsentieren".

3.2   Praktikum

Ein Praktikum ist kein Ausflug. Es soll vielmehr die Möglichkeit bieten, konkrete Gegebenheiten und Problemstellungen in pädagogischen Arbeitsfeldern kennen zu lernen, sie auf der Basis pädagogischer Konzepte und Methoden zu reflektieren und sich mit ihnen handelnd auseinander zu setzen. Theorien und Forschungsmethoden sollen genutzt werden, um ein vertieftes Verständnis der jeweiligen Praxis zu erreichen. Ziel des Praktikums ist also nicht die reine Arbeit und Erfahrung in der Praxis, sondern eine Verbindung und Reflexion von Theorie und Praxis. Diese Verschränkung von Theorie und Praxis sollte für das Praktikum selbst und die Reflexion im Praktikumsbericht bestimmend sein, d.h., reine Erfahrung oder reine Theorie sind nicht Sinn der Sache. Damit dies gelingt, ist es wichtig, das Praktikum von Beginn an unter einer bestimmten (Anfangs-)Fragestellung zu absolvieren – auch wenn diese Fragestellung sich im Verlauf der Zeit noch ändert.

→   Vertieft wird das Thema im Kapitel 4.2 „Themen suchen und eingrenzen".

Als Fragestellungen für ein Praktikum eignen sich neben theoretischen ganz besonders kleinere empirische Fragestellungen und Untersuchungsvorhaben, wie etwa die Erprobung eines Beobachtungsinstruments, die Entwicklung eines Interviewleitfadens, die Auswertung von Gesprächsprotokollen usw.

→   Vertieft wird das Thema in Kapitel 4.3 „Aufbau von empirischen Untersuchungen".

3.3 Hausarbeit/Examensarbeit

Eine Hausarbeit soll in der Bearbeitung eines begrenzten Themas die Fähigkeit des Verfassers/der Verfasserin belegen, pädagogische Problemstellungen wissenschaftlich zu bearbeiten. Anders als beim Referat muss nicht auf die Motivierung von Zuhörern oder deren Aufnahmefähigkeit geachtet werden, d.h. Darstellungen, Argumentationen, Begriffsdifferenzierungen können und sollen ausführlicher behandelt und analysiert werden. Wo im Referat z.B. Wiederholungen oder auch stark vereinfachende Darstellungen notwendig sein mögen, um den Adressaten ein Verständnis zu erleichtern oder erst zu ermöglichen, kann und soll die Hausarbeit diese Zugeständnisse an die soziale Situation des Vortrags vermeiden.

Wesentlich für eine Hausarbeit/Examensarbeit ist es nicht, unter Beweis zu stellen, dass man in der Lage ist, zu lesen und das Gelesene einfach wiederzugeben, sondern vielmehr, das Gelesene kritisch zu prüfen und damit zu arbeiten.

➡ Vertieft wird das Thema in Kapitel 4.2 „Themen suchen und eingrenzen".

3.4 Prüfung

Prüfungen haben den Zweck herauszufinden, ob jemand die für das jeweilige Fach relevanten Ideen, Konzepte und Methoden kennt und in der Lage ist, mit diesem Instrumentarium in einer Weise umzugehen, wie dies wissenschaftlichen Standards entspricht. Geprüft wird also nicht nur, ob Prüflinge über das erforderliche fachliche Wissen verfügen. Sie sollten vielmehr dazu in der Lage sein, mit diesem Wissen reflektiert zu arbeiten, z.B. Theorien oder Methoden zu analysieren. Wichtig ist auch die Fähigkeit, dieses Wissens auf praktische Problemstellungen beziehen zu können. Bei der Wahl und dem Zuschnitt der Themen ist darauf zu achten, dass sie sich dafür eignen, den o.g. Zweck zu erfüllen.

! Prüfungen sind *keine* Gesinnungsprüfungen, in denen es um den Nachweis eines tadellosen Charakters, nobler Absichten, tiefen Mitgefühls o.ä. geht. Sie sind nicht der Ort, an dem beflissen bis andächtig die Gedanken mutmaßlich ,großer' Pädagogen zum Vortrag gebracht werden und auch nicht der geeignete Rahmen für ,letzte' Fragen und flammende Bekenntnisse wozu auch immer. Prange hat das einmal so formuliert:

„Absichten und Motive mögen eine schöne Seele bezeugen, aber ohne Handgriffe und kunstgerechte Technik bleiben sie leer und dienen nur der Selbstbeleuchtung." (1986, S. 14)

! Prüfungen sind ebenfalls ungeeignet, eigene Probleme zu bearbeiten. Die eigene Betroffenheit (schwierige Familienverhältnisse und Kindheitserlebnisse, Sprachprobleme, Essstörungen usw.) schafft zwar Interesse für ein Thema, steht aber mit einiger Sicherheit einer distanziert-reflektierten Auseinandersetzung mit dem Thema entgegen.

➡ Vertieft wird das Thema in Kapitel 4.2 „Themen suchen und eingrenzen".

4. Formen wissenschaftlichen Arbeitens

Um z.B. eine Hausarbeit oder eine Präsentation zu erstellen, sind verschiedene Aufgaben zu bewältigen. So muss etwa Literatur gesichtet oder ein Text geschrieben werden. Worin die besonderen Anforderungen dieser verschiedenen Formen wissenschaftlichen Arbeitens bestehen, soll im Folgenden erläutert werden.

4.1 Sich über ein Thema im Überblick informieren

Sie wollen z.B. herausfinden, ob Sie ein bestimmtes Thema für eine Hausarbeit interessieren könnte, ob Sie sich im Studium mit einem bestimmten Schwerpunkt spezialisieren wollen. Hier geht es also um den Einstieg in ein Thema, um einen ersten Zugang.

! Worauf ist zu achten?

Da es um einen Überblick geht, ist es wichtig, möglichst das gesamte Spektrum an Ideen, Konzepten, Methoden usw. zum jeweiligen Thema kennen zu lernen. Daher sind alle Einschränkungen des Spektrums oder Blickverengungen zu vermeiden.

Wenn es z.B. darum geht, sich über Montessori-Pädagogik zu informieren, wäre es problematisch, nur Literatur aus der Sicht der Befürworter/Anhänger dieser Pädagogik zur Kenntnis zu nehmen. Eine andere Einschränkung des Spektrums kann sich durch mangelnde Fachkompetenz eines Autors ergeben, wenn dieser keinen ausreichenden Überblick über das Thema hat. Wenn diese Fachkompetenz nicht gesichert werden kann, wie z.B. bei Internet-Beiträgen, sollten zur Prüfung dieser Quellen auf jeden Fall weitere hinzugezogen werden. Das gilt auch für die (Internet-)Enzyklopädie „Wikipedia"!

Eine verlässliche Orientierung über ein Thema erreicht man vorzugsweise über neuere Fachlexika und Handbücher – und zwar die großen! Brauchbare Quellen sind durch entsprechende Bezeichnungen hinreichend als einschlägig erkennbar „Enzyklopädie Erziehungswissenschaft", „Lexikon der Pädagogik", „Handbuch pädagogischer Grundbegriffe" o.ä. Diese Werke streben zwar bereits eine möglichst breite und ‚objektive' Information an, stellen aber natürlich dennoch eine Auswahl dar. Daher empfiehlt sich die vergleichende Lektüre mehrerer Handbuch- oder Lexikonartikel zum gleichen Thema.

Hilfreich können als Ergänzung auch Artikel in führenden allgemeinen Lexika/Enzyklopädien sein: Microsoft Encarta, Brockhaus, Comptons Infopedia, Meyers Universallexikon. Hier ist dann die fachliche Diskussion zum Thema vielleicht nicht so differenziert dargestellt, wie in den Fachlexika und -handbüchern, man darf aber davon ausgehen, dass die Beiträge kompetent und geprüft sind.

➡ Mehr dazu im Kapitel 6.2: „Grundlegende Literatur".

4.2 Themen suchen und eingrenzen

■ Suchen

Wenn Themen für Referate, Haus- und Abschlussarbeiten frei wählbar sind, ist es mitunter schwierig, mit dieser Entscheidungsfreiheit umzugehen: Was ist ein brauchbares Thema, was gehört dazu usw.?

Am sichersten – und in den meisten Fällen – anspruchslosesten sind immanente Wiedergaben eines Konzepts, eines Autors: „Leben und Werk von …". Anspruchslos sind solche Themen in den meisten Fällen deshalb, weil man damit vor allem zeigt, dass man lesen kann. Es fehlen Gesichtspunkte, die eine begründet selektive Lektüre und Darstellung zulassen, Vergleiche mit anderen Konzepten, eine Diskussion aus dem Blickwinkel der Sekundarliteratur – also Belege dafür, dass man zu einer tiefer gehenden Verarbeitung des Erarbeiteten in der Lage ist.

Wenn also mehr als reine Reproduktion möglich und erwünscht ist, sollte das Thema so angelegt werden, dass es sich auch dazu eignet, die Fähigkeit zu wissenschaftlichem Arbeiten zu demonstrieren. Zunächst ist es hilfreich, dazu eigene Vorinformationen und Eindrücke zu sichten, um Ideen für mögliche Themen zu sammeln.

Folgende Vorschläge können für die Suche weiterhelfen:

· Sichten Sie Ihre Mitschriften: Was haben Sie besonders ausführlich notiert, wo lagen eigene Schwerpunkte?

· Notieren Sie Situationen, in denen es um Erziehen, Unterrichten, Helfen geht und was Sie daran interessiert (Ihnen wichtig, problematisch usw. vorkommt).

- Schreiben Sie fünf Buchtitel aus der Fachliteratur auf, die für Sie interessant, beunruhigend etc. waren.

Das Ergebnis einer solchen Suche sind z.B. Fachbegriffe, die aus der Lektüre oder aus einer Veranstaltung in Erinnerung geblieben sind („Konstruktivismus", „geisteswissenschaftliche Pädagogik", „Didaktik") oder aber eher umgangssprachlich formulierte Fragen und Probleme aus dem Alltag („Müssen Kinder eher erzogen werden als Erwachsene?", „Kann man Erwachsene noch erziehen?").

! *Worauf ist zu achten?*

- Bei aktuellen Themen, die gerade in der Öffentlichkeit besonders diskutiert werden, sollte man beachten, dass dies dann häufig nicht mit wissenschaftlichem Anspruch geschieht – und die entsprechenden Quellen für eine wissenschaftliche Arbeit nur bedingt geeignet sind.
- Ist der Ausgangspunkt eine alltagssprachlich formulierte Themenstellung, sollte man bedenken, dass dafür in der Fachliteratur vermutlich andere Begriffe benutzt werden und auch Schlagwortverzeichnisse mit anderen Begriffen arbeiten.
- Wenn man Fachbegriffe sammelt, sollte man bei der Literaturrecherche damit rechnen, dass in der Geschichte pädagogische Probleme üblicherweise unter verschiedenen Begriffen behandelt worden sind.

➡ Vertieft wird das Thema in Kapitel 5.2 „Literaturrecherche"

■ **Eingrenzen**

Man kann prinzipiell jeden Gegenstand unter verschiedensten Perspektiven behandeln. Über einen Tisch kann man z.B. unter den Aspekten Aussehen, Höhe, Nutzfläche, Stabilität, Haltbarkeit, Preis, Material usw. nachdenken.
Üblicherweise interessiert man sich aber nicht unterschiedslos für alles, was an diesem Gegenstand bemerkenswert sein könnte, sondern nur für bestimmte Aspekte. Welche das sind, hängt von der Problemstellung ab, dem Grund, warum man sich z.B. für Tische interessiert. Ein Tisch kann z.B. ein Arbeitsmittel, ein

sozialer Treffpunkt, ein Dekorationsgegenstand sein. Erst die Klärung der Problemstellung und der dafür relevanten Aspekte schafft die Grundlagen für eine begründete Auswahl.

An einem pädagogischen Beispiel: Man kann zwar über ‚die' Gesamtschule schreiben wollen, sollte aber die Themenformulierung noch eingrenzen, weil so nicht erkennbar ist, warum man sich für die Gesamtschule interessiert und welche Aspekte deshalb wichtig sind. Ohne diese Präzisierung werden unter solchen Begriffen mehr oder weniger willkürlich irgendwelche Dinge referiert, die etwas (in diesem Fall) mit der Gesamtschule zu tun haben. Um über solche beliebigen Sammlungen hinauszukommen, muss der Ausgangsbegriff erst noch in eine Frage-/Problemstellung verwandelt werden, die angibt, was einen an der Gesamtschule interessiert. Z.B.:
* „Leistungsdifferenzierung an der Gesamtschule"
* „Integrierte Gesamtschule und dreigliedriges Schulsystem"
* „Soziales Lernen an der Gesamtschule"

! *Worauf ist zu achten?*

Bei der Eingrenzung des Themas ist es wichtig zu berücksichtigen, dass in der Bearbeitung des Themas die Fähigkeit des Verfassers zum wissenschaftlichen Arbeiten unter Beweis gestellt werden soll. Das Thema sollte daher so formuliert sein, dass es möglichst gute Gelegenheiten für eine differenzierte und eigenständige Auseinandersetzung bietet.

Eine Verarbeitung des Gelesenen, die über die reine Reproduktion hinausgeht und eigenständiges Denken verlangt, kann auf unterschiedliche Weise erfolgen, z.B.:
* Systematisch selektives Lesen:
  Herausarbeiten bestimmter Gedanken eines Autors, Analyse des (evtl. wechselnden) Gebrauchs von Begriffen usw.
* Interne Analyse:
  Bei theoretischen Arbeiten: z.B. Konsistenz im Gebrauch von Begriffen, Plausibilität der Argumentation, Schlüssigkeit von Folgerungen
  Bei empirischen Untersuchungen: Stimmigkeit des Untersuchungsdesigns, Eignung der verwendeten Methoden, Angemessenheit der Schlussfolgerungen usw.

- Externer Vergleich:
  Z.B. Vergleich eines Konzepts mit einem anderen unter bestimmten Gesichtspunkten (z.B. Menschenbild, Ziele usw.), Vergleich eines Konzepts/ Ansatzes zu verschiedenen Zeitpunkten … (s.o.)
- Anwendung:
  z.B. Diskussion möglicher Konsequenzen eines Konzeptes für die Praxis (s.o.)

Die Aufbereitung eines Themas, die die o.g. möglichen Zugänge ermöglicht, kann sich dann an den folgenden Schritten orientieren:

1. Der Kontext: Das Thema als Fall von …?

Stellen Sie sich das Thema zunächst auf einer mittleren Abstraktionsebene vor, also als Spezialfall einer allgemeineren Thematik und gleichzeitig als Oberbegriff für konkretere Spezialfälle, Anwendungsbeispiele o.ä. Fragen Sie zunächst nach dem Kontext, in den das Thema für Sie gehört, bzw. nach verschiedenen Kontexten, in die man das Thema stellen könnte. Am Beispiel der „Gesamtschule":

- Gesamtschule als eine besondere Form der Schule
- Gesamtschule als eine Maßnahme der Bildungsreform
- Gesamtschule als eine Maßnahme der sozialen Integration usw.

Um die möglichen Kontexte, in die man das vorläufige Thema ‚Gesamtschule'
stellen könnte, herauszufinden, eignen sich insbesondere Lexika, Handbücher,
Lehrbücher etc.

Unter den möglichen Kontexten (Fragerichtungen, Diskussionszusammen-
hängen) sollte man sich für einen entscheiden – evtl. nachdem man auch die
nächsten Schritte probeweise für mehrere mögliche Kontexte durchgespielt hat.

2. Verschiedene/konkurrierende Zugänge

Wenn wir probeweise „Die Gesamtschule als Maßnahme der sozialen Integrati-
on wählen" ist die nächste Frage, wie diese Problematik in verschiedenen Kon-
zepten und Zugängen behandelt wird. Das könnten z.B. sein:
- Schulsozialarbeit in der Gesamtschule
- Strategisches Lernen in der Gesamtschule
- Team-Kleingruppen-Arbeit in der Gesamtschule

Das Rahmenthema „Soziale Integration in der Gesamtschule" wird in diesen
Konzepten jeweils unterschiedlich behandelt, so unterscheiden sich z.B. die jeweiligen Ziele und pädagogischen Maßnahmen.

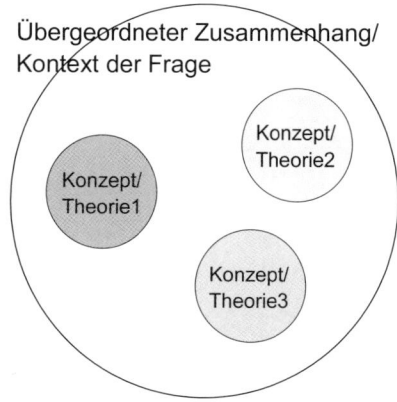

Man kann nun eines dieser Konzepte auswählen und unter verschiedenen Gesichtspunkten (z.B. Menschenbild, Ziele, Methoden, Rolle des Lehrers) darstel-

len, interessanter und in der Analyse ergiebiger wird aber üblicherweise der Vergleich von mehreren Konzepten sein, weil im Kontrast die Besonderheiten einzelner Modelle besonders deutlich werden.

Wichtig für diesen Vergleich ist allerdings, dass man die Konzepte erst einmal vergleichbar macht. Es reicht also nicht aus, Konzepte jeweils einzeln als Gesamtkunstwerke, in ihrer eigenen Begrifflichkeit und mit den Schwerpunkten darzustellen, die das jeweilige Konzept setzt. Um sie vergleichbar zu machen, müssen sie vielmehr unter den gleichen übergeordneten Gesichtspunkten analysiert werden, z.B.: Zielsetzungen, Menschenbilder, Maßnahmen etc. Hilfsmittel für diese Arbeit sind jetzt Bücher und Zeitschriftenaufsätze zu den behandelten Konzepten/Theorien (Primär- und Sekundärliteratur), die diese im Detail darstellen und nachvollziehbar machen. Überblicksdarstellungen in Lexika und Handbüchern reichen hier *nicht* aus.

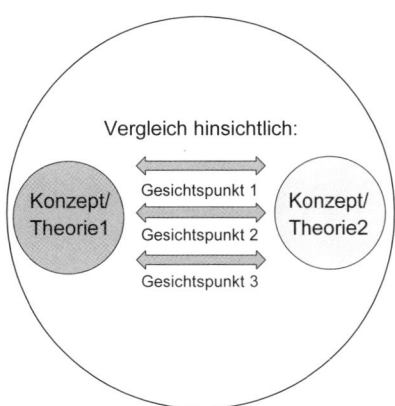

3. Konkretisierung und Anwendung

Die Besonderheiten eines Konzepts oder die Unterschiede zwischen verschiedenen Konzepten lassen sich häufig besonders gut an konkreten Umsetzungen (z.B. empirischen Untersuchungsvorhaben, Maßnahmen, Fallbeschreibungen verdeutlichen, etwa, wie bei sonst gleichen Annahmen unterschiedliche Vorstellungen von der Lehrerrolle sich in deutlich verschiedenen Maßnahmen niederschlagen.

Für diese Konkretisierung müssen dann auch spezielle Quellen herangezogen werden, die z.B. im Detail empirische Untersuchungen darstellen, die Durchführung eines Projekts etc. Die Kurzdarstellungen in Übersichtsarbeiten (Projekt- oder Untersuchungsskizzen) reichen dafür nicht aus, weil die nicht genau genug die jeweilige Maßnahme (z.B. verwendete Beobachtungsverfahren und deren Ergebnisse) dokumentieren und diskutieren.

Im Ergebnis führt das oben beschriebene Vorgehen zu einer differenzierten Einordnung des Themas in mehreren Richtungen:

- Einordnung in einen größeren Kontext
- Vergleich mit anderen/konkurrierenden Zugängen
- Konkretisierung/Veranschaulichung

 Eine Übung dazu im Kapitel 8.5 „Texte beurteilen"

➡ Vertieft wird das Thema in Kapitel 5.6 „Texte gliedern und strukturieren"

4.3 Aufbau von empirischen Untersuchungen

Empirische Teile in Praktikumsberichten oder Examensarbeiten werden üblicherweise nicht mit größeren Untersuchungsgruppen durchgeführt werden können. Die Ergebnisse können daher nicht repräsentativ sein. Möglich sind hingegen drei Zugänge:

1. Erprobung einer bestimmten Methode, z.B. Beobachtungsverfahren
2. Durchführung einer explorativen (Vor-)Untersuchung mit wenigen Versuchspersonen
3. Sekundäranalyse von empirischen Untersuchungen

■ **Examensarbeit**

Für die Darstellung empirischer Untersuchungen gibt es relativ klare, verbindliche Vorgaben. Grafisch lässt sich dieser Ablauf folgendermaßen darstellen:

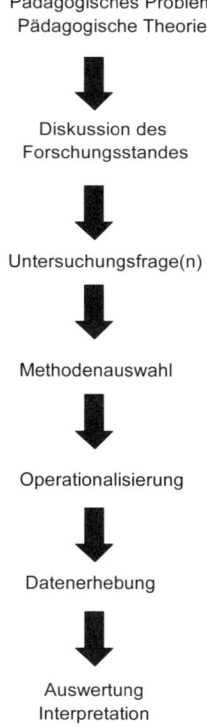

Pädagogisches Problem
Pädagogische Theorie

⬇

Diskussion des
Forschungsstandes

⬇

Untersuchungsfrage(n)

⬇

Methodenauswahl

⬇

Operationalisierung

⬇

Datenerhebung

⬇

Auswertung
Interpretation

Zunächst sollte die Problemstellung dargestellt werden, danach der Forschungsstand zu diesem Problem, dann dessen Bewertung unter besonderer Berücksichtigung der eingesetzten Methoden. Daran anschließen sollte sich die Darstellung des eigenen Vorhabens mit Bezug auf die vorliegenden Untersuchungen. Sie beginnt mit der Konkretisierung der Untersuchungsfrage, mit der Darstel-

33

lung des Untersuchungsdesigns und der eingesetzten Methoden. Im Anschluss wird die Durchführung der Untersuchung beschrieben, dann werden Ergebnisse dargestellt und ausgewertet. Zum Schluss werden die Ergebnisse interpretiert und diskutiert.

■ **Praktikumsbericht**

Ein Praktikum bietet sich für kleinere empirische Studien an, etwa Verhaltensbeobachtung, Interviewanalyse, Gesprächsanalysen (z.B. Beraterverhalten, Spielverhalten von Kindern, Situationen in Schulungskontexten etc.). Dabei geht es nicht darum, aussagekräftige Ergebnisse über bestimmte Variablen zu erzielen, sondern vor allem darum, praktische Erfahrungen bei der Anwendung ausgewählter Forschungsmethoden zu sammeln. Wenn das Interesse primär darin besteht, eine Methode zu erproben, die Methode also schon zu Beginn feststeht, wird man abweichend von obigem Ablauf die Untersuchungsfrage an die Methode anpassen und nicht umgekehrt.

Methodenauswahl

Untersuchungsfrage

Operationalisierung

Datenerhebung

Auswertung
Interpretation

Anders als bei der Examensarbeit kann die oben beschriebene Diskussion des Forschungsstandes weitgehend entfallen. Es geht vielmehr vor allem um folgende Fragen/Aufgaben:

? Wie kann eine Fragestellung so konkretisiert/operationalisiert werden, dass sie mit einer bestimmten Methode untersucht werden kann (Beobachtungskategorien, Frageformulierung etc.)

? Worauf ist bei der Datenerhebung zu achten (Fehlerquellen und deren Beseitigung)

? Wie können Daten einerseits effizient und zuverlässig erfasst werden und andererseits so, dass sie die Auswertung erleichtern.

Texte schreiben

Ziel eines wissenschaftlichen Textes ist die fachliche Erörterung einer Themenstellung, die einem Leser, der mit den Feinheiten des Themas nicht vertraut ist, ein Verständnis ermöglicht. Dafür sind formale, sprachliche und inhaltliche Klarheit und Strukturiertheit von besonderer Bedeutung.

! *Worauf ist zu achten?*

■ Adressatenbezug

Der Adressat ist der Dozent, dem gezeigt werden soll, dass man sich in den Theorien und Methoden des Faches auskennt und sich in der Fachsprache angemessen ausdrücken kann. Man sollte sich aber beim Schreiben nicht auf den Wissensstand dieses Adressaten beziehen, weil in diesem Fall viele Darstellungen und Erklärungen überflüssig wären – denn im Thema kennt er sich vermutlich gut oder sogar besser aus als man selbst. Geschrieben werden sollte die Arbeit vielmehr ungefähr so, dass sie für einen Kommilitonen vom Fach, der sich in diesem Thema nicht auskennt, verständlich wäre.

Das bedeutet, dass zentrale Begriffe, Argumentationen und Modelle eingeführt und erläutert werden. Diese Klärung trägt auch dazu bei, dass vereinfachendes Reden über ‚die‘ Schule, ‚die‘ Jugend oder ‚die‘ Medien – gekoppelt dann als Einfluß ‚der‘ Medien auf ‚die‘ Jugend o.ä. – vermieden wird.

■ Struktur und Inhalt einzelner Teile

Für eine wissenschaftliche Arbeit gilt, dass es die Aufgabe des Schreibers ist, dem Leser eine klare Orientierung im Text zu geben. Andeutungen, Verrätselungen und andere Stilmittel, die etwa für einen literarischen Text passend wären, sind hier nicht angebracht.

Zur Orientierung sollte durchgängig eine Struktur nicht nur vorhanden, sondern klar erkennbar sein, d.h., zum einen sollten Textteile, die inhaltlich zusammengehören, in Kapitel, Abschnitte, Absätze gegliedert werden. Zum anderen sollte diese Gliederung formal z.B. durch entsprechende Formatierung und durch explizite Verweise (Überleitungen etc.) deutlich gemacht werden.

Die Grundlage der Orientierung bilden das Inhaltsverzeichnis und die Einleitung, die einen Überblick über den Aufbau der Arbeit geben. Die Einleitung stellt die Fragestellung und den Gedankengang der Arbeit kurz und übersichtlich dar, geht allerdings nicht auf Ergebnisse oder Detailfragen ein, zu deren Verständnis erst die Lektüre der Arbeit notwendig ist. Verzichtbar sind dagegen längere Ausführungen zu Motiven des Autors oder längere Rechtfertigungen für die Wahl des Themas etc.: Es geht nicht darum, den Verfasser als Person zu verstehen, sondern darum, sein Ziel und die Vorgehensweise nachzuvollziehen.

■ Klarheit

Für die Klarheit und das Verständnis des Textes ist es wichtig, vieldeutige Begriffe zu vermeiden (z.B. „Ichstärke", „das Selbst", „Kreativität", „Persönlichkeitsentwicklung"), Begriffe konsistent und richtig zu benutzen. Gerade bei wenig vertrauten Begriffen, etwa Fremdworten, sollte man sich doppelt vergewissern, dass man sie richtig versteht und angemessen einsetzt. Wer z.B. davon berichtet, ein verhaltensgestörtes Kind neige dazu, seine *Extremitäten* im Raum zu verschmieren (anstatt Exkremente), macht sich einfach nur lächerlich. Und wer von den Schwierigkeiten der Jugendlichen in der *Puppertet* schreibt, wirkt auch nicht überzeugend.

Ebenso wenig überzeugend und in der Sache klärend ist die schlichte Aufzählung von „großen" Namen. Solches „name-dropping" erklärt üblicherweise nichts, weil Werk und Beitrag dieser „großen" Namen sich selten auf einen Satz reduzieren lassen, so dass letztlich nur der vage Eindruck vermittelt wird, Autor x habe irgendetwas mit dem infrage stehenden Thema zu tun. Was das ist, bleibt jedoch unklar.

■ **Umgang mit Quellen**

Literaturrecherchen sind heute mit elektronischen Hilfsmitteln wie online-Katalogen auch überregional und international sehr einfach geworden. Allerdings kann auf diese Weise nur gefunden werden, was den Schlagworten entspricht, die im jeweiligen Katalog verwendet worden sind. Anders formuliert: Literatur, die abweichend registriert ist, bleibt verborgen und wird nicht rezipiert. Daher sollte der Gang in die Bibliothek (nicht nur in den Katalogsaal), wo möglich, die Recherche ergänzen, weil man hier auf zusätzliche Quellen stoßen kann – durch Sichtung von Literaturverzeichnissen in Büchern, Zufallsfunde etc.

Bei der Auswahl der zu benutzenden Literatur ist die „richtige Mischung" wichtig: Die Quellen sollten sich mit dem Thema aus verschiedenen Perspektiven und auf verschiedenen Abstraktionsebenen befassen (s. Grafiken Kapitel 5.2).

Ein Beispiel:

Sie wollen einen Vergleich verschiedener didaktischer Modelle schreiben. Dazu ist es nicht sinnvoll, nur Literatur heranzuziehen, die solche Modelle im Überblick und im Vergleich darstellt. Vielmehr sollten zu diesen Handbüchern Originaldarstellungen der ausgewählten Modelle gelesen werden. Schließlich wäre es wünschenswert, die Besonderheiten der einzelnen Modelle an einem Anwendungsbeispiel zu konkretisieren.

➡ Mehr im Kapitel 5.2 „Literaturrecherche".

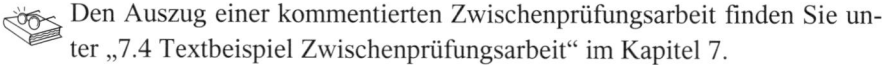 Den Auszug einer kommentierten Zwischenprüfungsarbeit finden Sie unter „7.4 Textbeispiel Zwischenprüfungsarbeit" im Kapitel 7.

4.5 Referat halten/Thema präsentieren

Ziel eines Referates sollte die Verständlichkeit des Inhalts in der besonderen Vermittlungssituation einer Präsentation vor Publikum sein. Dafür ist unter anderem notwendig, die Inhalte knapp, anschaulich, mit Bezug zu den Voraussetzungen der Zuhörer, im richtigen Tempo und mit angemessenen Materialien (Handout, Folien, Beamerpräsentation etc.) aufzubereiten und vorzustellen.

! Worauf ist zu achten?

Verständlichkeit setzt sich zusammen aus verschiedenen Teilkomponenten:

■ **Adressatenbezug**

Adressatenbezug meint hier zwei Punkte: Zum einen geht es darum, wie Informationen grundsätzlich aufgenommen und verarbeitet werden können, und zum anderen, welche unterschiedlichen Voraussetzungen die Zuhörer mitbringen (z.B. Vorwissen, Interessen usw.).

Die Aufmerksamkeitsspannen, über die Vorträge und damit auch Referate kontinuierlich und konzentriert verfolgt werden können, sind nur wenige Minuten lang – auch bei wachen und interessierten TeilnehmerInnen. Referate sollten daher so kurz wie möglich sein – was sinnvoll und möglich ist, hängt dabei natürlich auch vom Thema ab. Die zeitliche Untergrenze liegt für die meisten Themen wohl bei etwa 20 Minuten, die Obergrenze bei etwa 45 Minuten – wenn nicht durch Einschübe, Pausen und Methodenwechsel s.o. aufgelockert wird. Die Darstellung sollte von einem Wissensstand ausgehen, der bei allen Teilnehmern vorausgesetzt werden kann. Auch Bezüge zu anderen Themen, Quellen usw. sollten nur so eingeführt werden, wie es dem Grundwissensbestand der Teilnehmer entspricht – und wie sie für die Darstellung unbedingt notwendig sind. Wo dies möglich und notwendig ist, sollten der relevante Kenntnisstand und die Interessen der Adressaten ermittelt werden.

Eine weitere Möglichkeit besteht darin, zu Nachfragen oder Kommentaren einzuladen. Dieses Angebot sollte dann aber nicht (wie häufig zu beobachten) rein rhetorisch sein.

Der Einschub von Arbeitsphasen, die eine individuelle Auseinandersetzung mit dem Gegenstand ermöglichen (z.B. Ausprobieren von Materialien, Kurzlektüre, Partner- oder Gruppenarbeit zu kleineren Aufgaben), wird einerseits den unterschiedlichen Voraussetzungen der Teilnehmer gerecht und trägt andererseits dazu bei, die Aufmerksamkeit der Adressaten aufrecht zu erhalten.

■ **Klarheit der Begriffe**

Fachbegriffe, die für das Referat zentral sind, sollten kurz erläutert und nicht als bekannt unterstellt werden. Wenn z.B. längere und kompliziertere Definitionen notwendig sind, sollten sie zusätzlich schriftlich präsentiert werden (Overhead-Folie, Tafelanschrift, Papier).

■ **Prägnanz**

Referate sind nicht dazu geeignet, ein Thema/einen Gegenstand detailliert oder gar annähernd vollständig darzustellen. Möglich ist eine eher thesenhafte Darstellung, die an ausgewählten Stellen durch zusätzliche Erläuterungen und Beispiele angereichert werden kann.

Prägnanz bedeutet in diesem Kontext, dass die Darstellung auf die zum Verständnis absolut notwendigen Aspekte des Themas beschränkt bleibt. Die Planung eines Referats verlangt also von den ReferentInnen erhebliche Selbstdisziplin, ihre zahlreichen Wissensperlen nur drastisch reduziert darzubieten – und Feinheiten gegebenenfalls für die schriftliche Ausarbeitung zu reservieren.

Bezüge zu anderen Themen sollten nur dort hergestellt werden, wo sie das Verständnis verbessern und wo das ausreichende Grundwissen unterstellt werden kann, d.h. beispielsweise kein name-dropping der Art: „Wie ja bekanntlich schon Freud, Marcuse und xy wussten …" – wenn das nicht näher erläutert wird.

Es gibt allerdings zwei Fehlformen, die im Bemühen, etwas sehr knapp darzustellen, auftreten können:

- Eine Darbietung, in der der Referent nur das wiederholt, was ohnehin auf den gezeigten Präsentationsfolien zu lesen ist und dies dann möglicherweise zusätzlich noch als handout verteilt.
- Verzicht auf Redundanz: Gerade bei Referaten wird es notwendig sein, Dinge zu wiederholen, aufzugreifen, zusammenzufassen, um sicherzustellen, dass die Adressaten folgen können.

■ **Strukturiertheit**

Strukturierungshilfen sind für ein Referat durchgängig wichtig, um den Adressaten die Möglichkeit zu geben, den aktuellen Gegenstand in den Gesamtkontext einzuordnen oder auch bei kürzeren Aufmerksamkeitsschwankungen sich wieder in der Darstellung zurechtfinden zu können. Dazu gehören z.B.:

- Betonung, Tempowechsel in der mündlichen Darstellung
- Absätze, Nummerierungen, Hervorhebungen (Fettdruck, Farbe usw.), Seitenzählungen usw. in Papieren/Folien
- Überblick am Anfang über den Aufbau der Darstellung
- Zwischenstopps und -zusammenfassungen
- Abschließende Einordnung und Zusammenfassung

- Kurzes – in sich geschlossenes und auch noch nach einem halben Jahr allein verständliches – Thesenpapier mit Literaturverweisen, das ein Weiterlesen und -denken ermöglicht.

■ **Angemessenheit der Darbietung**

Die Präsentation sollte so angelegt sein, dass alle visuell und akustisch folgen können. Dazu gehört z.B., dass das Gezeigte groß genug und durch nichts verdeckt ist und der Vortragende laut genug, artikuliert und nicht zu schnell spricht.

Ein Text, der vorbereitet und ohne Pausen abgelesen wird, mag zwar den ReferentInnen Sicherheit geben, wird aber häufig dazu führen, dass dies für die Aufnahmefähigkeit der Adressaten zu schnell ist und so zu Konzentrationsproblemen führt.

Wünschenswert sind dagegen:

- (Möglichst) freie Darstellung
  – durchaus mit Unterstützung einer detaillierten Gliederung (und der ausgearbeiteten Fassung im Kopf). Die freie Darstellung hat i.d.R. zwei Vorzüge: Sie ist alltagssprachlicher formuliert und damit leichter verständlich. Der Verlust an Präzision ist für ein Referat (im Gegensatz etwa zu einer Publikation) zu verschmerzen. Zweitens ist die Darstellung meistens langsamer und durch Pausen unterbrochen, wenn der Vortragende nach Worten sucht, eine Formulierung korrigiert o.ä. Sicherheit und ein Gefühl für die eigene Sprechgeschwindigkeit können dabei Übungen mit Tonband oder Videogerät vermitteln.
- Pausen
  Was für die ReferentInnen bekannt und vertraut ist, muss von den AdressatInnen erst aufgenommen und eingeordnet werden – und das dauert häufig länger als die ReferentInnen einplanen und geht auch nicht ohne Stocken vor sich. Die wenigsten Menschen empfinden aber längere Pausen als angenehm – und ‚längere' Pausen fangen mitunter schon bei 15 Sekunden an. Ein typisches Problem bei der Präsentation von Referaten besteht darin, dass zu wenige und zu kurze Pausen gemacht werden, um z.B. Material zu verteilen, Fragen zu stellen, eine Folie zu betrachten, ein Arbeitsblatt zu lesen usw.

- Gezielter Einsatz von Beamern und Overheadprojektoren
  Präsentationsflächen (von Beamern, Overheadprojektoren usw.) ziehen die Aufmerksamkeit der Zuhörer/Zuschauer auch dann auf sich, wenn dort überhaupt nichts zu sehen ist. Sie sollten, wenn dort keine relevante Information geboten wird, ausgeschaltet/abgedunkelt werden. Die Gefahr dabei ist, die Beachtung der AdressatenInnen und den Kontakt zu ihnen zu verlieren.
- Präsentationen verleiten zu einer beschleunigten Darstellung.
  Deshalb sollte sorgfältig darauf geachtet werden, ungewollt schnelle Abläufe zu vermeiden, die zwar alle Information liefern, aber keine Chance zur Verarbeitung lassen.

➡ Vertieft wird das Thema in Kapitel 5.9 „Layout und Visualisierungen".

5. Verfahrensweisen wissenschaftlichen Arbeitens

Um die zuvor behandelten Aufgaben (z.B. ein Thema eingrenzen) zu bewältigen, müssen ganz konkrete Arbeitsschritte ausgeführt werden, wie etwa Begriffe klären, Literatur suchen und beurteilen etc. Diese handwerklichen Aspekte wissenschaftlichen Arbeitens sind Gegenstand des folgenden Teils.

5.1 Textsorten unterscheiden

Zu den Grundanforderungen an wissenschaftliches Arbeiten gehören u.a. folgende:

- Klarheit der zentralen verwendeten Begriffe
- Klarheit im Aufbau/in der Struktur des Textes
- Klarheit und Plausibilität der Argumentation
- Prüfbarkeit der empirischen Belege
- Klare und einheitliche Angabe der verwendeten Quellen

Entsprechend geht es hier darum, die wissenschaftliche Qualität verschiedener Informationsquellen zu unterscheiden und zu beurteilen, wie z.B. Internet, Lexika, Zeitungen, Fachliteratur usw.

Bei der Sichtung von Informationsquellen ist es wichtig, zwischen Textsorten zu unterscheiden. Nicht alle Texte haben gleiche Funktionen, Ansprüche und Adressaten; entsprechend unterscheidet sich ihr wissenschaftliches Niveau. Davon hängt ab, ob und in welcher Art und Weise ein Text im Rahmen einer wissenschaftlichen Diskussion Berücksichtigung finden sollte. Im Folgenden werden verschiedene Zugänge zu einer Thematik und entsprechende Textsorten unterschieden:

■ Forschungsbericht

Der Forschungsbericht behandelt eine sehr klar eingegrenzte theoretische oder empirische Fragestellung. Wesentliche Merkmale sind:

- Klare Definition des Untersuchungsgegenstandes
- Klare Definition der Untersuchungsfrage
- Einordnung der Untersuchung in die bisherige Forschung (Was ist neu?) mit entsprechenden Verweisen auf Referenzliteratur

Beispiele:	Dissertation, Habilitationsschrift, Forschungsprojektbericht, mit Einschränkungen Magister-/Diplomarbeit, Aufsätze in Fachzeitschriften
Adressaten:	Spezialisierte Fachwissenschaftler
Wissenschaftliches Niveau:	Hoch. Begriffliche und methodische Sorgfalt stehen im Vordergrund und werden auch ausdrücklich angesprochen.
Lesbarkeit:	Auf wenige Personen begrenzt. Selbst für nicht-spezialisierte Fachwissenschafter häufig nicht mehr verständlich.

■ Konzeption

Eine konzeptionelle Arbeit behandelt ein bestimmtes Phänomen (z.B. Schulversagen) auf der Basis verschiedener empirischer und/oder theoretischer Vorarbeiten und versucht diese gewissermaßen auf den Punkt zu bringen. Die wesentliche Arbeit besteht hier also darin, das Wissen über ein bestimmtes Phänomen (neu) zu ordnen.

Beispiele:	Dissertation, Habilitationsschrift, mit Einschränkungen Magister-/Diplomarbeit, Aufsätze in Fachzeitschriften
Adressaten:	Fachkollegen, wissenschaftlicher Nachwuchs, Anwender in Bildungsorganisationen
Wissenschaftliches Niveau:	Hoch bis mittel in Abhängigkeit davon, ob eher Fachkollegen oder Anwender als Adressaten ins Auge gefaßt werden. In jedem Fall kommt das Niveau hier (in Abgrenzung zum Forschungsbericht) nicht in der detaillierter Diskussion methodischer Feinheiten zum Ausdruck, sondern in der Strukturierung des Themas.
Lesbarkeit:	Da in der Regel an eine größere Öffentlichkeit gerichtet, deutlich höher als im vorgenannten Fall. Für das interessierte Fachpublikum, aber nicht die breite Öffentlichkeit.

Entsprechend besteht das besondere Merkmal dieser Art von Arbeiten im jeweils gewählten

- Ordnungsprinzip und in der
- Auseinandersetzung mit konkurrierenden Konzeptionen.

Welche Arbeiten, Theorien werden berücksichtigt, wie ausgewertet und verarbeitet?

Die Qualität einer solchen Konzeption hängt wesentlich davon ab, wie weit transparent und nachvollziehbar gemacht wird, was aus welchen Gründen berücksichtigt worden ist.

■ Lehrbuch/Handbuch

Das Lehrbuch hat die Funktion, dem wissenschaftlichen Nachwuchs einen Überblick über richtungsweisende Konzepte und Untersuchungen des jeweiligen Faches zu geben, also eine Ordnung auf einem höheren Abstraktionsniveau als konzeptionelle Arbeiten vorzunehmen. Wesentliche Merkmale:

- Bemühen um klare und systematische Darstellung von Grundbegriffen und Positionen
- Anspruch der Neutralität. D.h.: Das gewählte Auswahl- und Ordnungsprinzip wird nicht als subjektive Festlegung eingeführt
- Überblick über eine Vielzahl von Konzepten – häufig in historischer Abfolge
- Auswahl-/Empfehlungsliteraturlisten

Adressaten:	Wissenschaftlicher Nachwuchs
Wissenschaftliches Niveau:	Je nach Autor hoch bis mittel
Lesbarkeit:	Da in der Regel auch an Studienanfänger gerichtet: Gut (für akademische Verhältnisse)

■ Anwendung

Vorgeführt wird die praktische Brauchbarkeit theoretischer Konzepte bzw. praktische Konsequenzen, die aus empirischen Befunden gezogen werden (z.B. Training für Schüler mit Lese-/Rechtschreibschwächen). Merkmale:

- Theoretische und empirische Hintergründe werden bestenfalls angedeutet
- Im Vordergrund stehen (mehr oder weniger) detaillierte Beschreibungen pädagogischer Praxis
- Gegenstand ist nicht, warum man etwas tut, sondern wie man etwas tut. Entsprechend dominieren Beispiele, Erfahrungsberichte, Beispiele für Arbeitsmaterialien usw.
- Versuch, die Leser/Käufer zu motivieren, für den Kauf des Buches zu werben (Klappentexte, Gestaltung des Einbands usw.)

Adressaten:	Berufstätige Fachöffentlichkeit (Lehrer, Erwachsenenbildner usw.)
Wissenschaftliches Niveau:	Mittel bis niedrig. Theoretische Stimmigkeit und Begründbarkeit von Maßnahmen stehen nicht im Vordergrund, sondern die Darstellung möglichen Handelns.
Lesbarkeit:	I.d.R. findet sich hier ein Sprachstil, der kompliziertere theoretische Ausführungen und wissenschaftliche Fachbegriffe vermeidet, aber Begriffe aus den Arbeitsbereichen der Praktiker aufnimmt.

■ **Ratgeber**

Im Prinzip der Anwendung ähnlich, aber nicht an die Fachöffentlichkeit, sondern an Laien gerichtet. Merkmale:

- Der Titel bezeichnet in Alltagssprache ein soziales Problem und kündigt Hilfe an.
- Die Gliederung hat eher die Funktion, auf einzelne Teile neugierig zu machen, als die Struktur der Arbeit zu verdeutlichen.
- Theoretische Hintergründe und Befunde kommen durchaus vor, allerdings nur skizzenhaft. Die Funktion ist nicht, dem Leser die Prüfung des Gesagten zu ermöglichen, sondern die Seriosität des Autors zu belegen.
- Die Darstellung arbeitet stark mit praktischen Beispielen.
- Literaturangaben (falls vorhanden) im Text enthalten keine Seitenangaben, sondern verweisen nur allgemein auf ein Werk/einen Autor. Im Extrem reines name-dropping: „Wie ja schon Freud und Jung wussten …"
- Das Literaturverzeichnis ist, wenn vorhanden, kurz. Statt dessen: Verweis auf Beratungsstellen usw.
- Aufmachung und Layout sollen zum Kauf motivieren (bunt, Bilder, ‚luftigere' Seitengestaltung, niedrigerer Kaufpreis usw.)

Adressaten:	Laien, Betroffene
Wissenschaftliches Niveau:	Je nach Autor sehr unterschiedlich: Bestenfalls mittel (wg. des Adressatenkreises) bis nicht vorhanden.
Lesbarkeit:	Da sich diese Texte an interessierte Laien wenden, ist ein Bemühen um Allgemeinverständlichkeit erkennbar bis hin zum Bemühen, den Leser zu unterhalten.

■ Pressemitteilung

Dem Ratgeber ähnlich, dabei komprimiert und üblicherweise auf wenige Kernaussagen zugespitzt. Merkmale:

- Üblicherweise keine Argumentationsstruktur, sondern eine Abfolge von unverbundenen Einzelstatements.
- Reduktion: Wenige Faktoren, einzelne Personen (die kritisiert oder als Gewährsleute angeführt werden)
- Keine genauen Belege (höchstens: die xy-Studie), z.T. nicht einmal Andeutungen darauf, sondern nur Behauptungen, dass irgendetwas so sei, sich gezeigt habe …
- Vermeiden von Unsicherheit/Interpretationsspielräumen: Das Gesagte kommt nicht als Denkmöglichkeit, sondern als die Wahrheit daher.

Adressaten:	Die gesamte Öffentlichkeit
Wissenschaftliches Niveau:	Nicht vorhanden
Lesbarkeit:	Da sich diese Textsorte um Allgemeinverständlichkeit bemüht: gut. Dazu trägt das Bemühen bei, gängige Vokabeln/Slogans einzubauen, die ein Wiedererkennen erleichtern.

! *Worauf ist zu achten?*

Grundsätzlich ist keine dieser Textsorten für die wissenschaftliche Diskussion unwichtig. Allerdings sollte der unterschiedliche wissenschaftliche Stellenwert (s.o.) dabei berücksichtigt und nicht verwischt werden. Statements von z.B. Politikern, Gewerkschaftlern oder Talkmastern zu Bildungsfragen sollten also unter wissenschaftlichem Aspekt nicht gleichrangig mit Äußerungen von Forschern behandelt werden.

Texte, die im Internet erscheinen, sind häufig nicht klar der oben vorgenommenen Unterscheidung einer Textsorte zuzuordnen. Auch die (wissenschaftliche) Qualität ist zum Teil schwieriger zu beurteilen: Eine Kontrolle der Einträge findet überwiegend nicht statt und die Autorenschaft ist häufig ungeklärt. Wenn Internettexte als Quelle in die eigene Arbeit einfließen sollen, kann zudem das Problem entstehen, dass sie später als Beleg im Netz nicht mehr auffindbar sind.

➡ Vertieft wird das Thema in Kapitel 5.7 „Zitieren".

Im Folgenden wird nun genauer gezeigt, wie man einerseits vorliegende Texte auf ihre handwerkliche Qualität überprüft bzw., konstruktiv gewendet, worauf man bei der Anfertigung eigener Texte achten sollte.

Wichtig ist dabei: Vorfindbare Texte entsprechen weder genau und vollständig einem der oben genannten Typen, noch werden die Regeln wissenschaftlichen Arbeitens in der Idealform auch beachtet. Hier gilt – ähnlich wie bei anderen Regeln, etwa Verkehrsregeln –, dass eine gewisse Abweichung von Regeln (auch allgemein akzeptierten) normal ist. D.h.: Auch die anerkannten ‚Groß-'Pädagogen klären mitunter zentrale Begriffe nicht, haben eine verworrene Gliederung oder schreiben schlicht unverständliche Passagen.

5.2 Literaturrecherche

Bei der Suche nach geeigneter Literatur sind zwei Schwierigkeiten zu berücksichtigen, die den Gebrauch von Begriffen betreffen:

- Begriffe können gleichzeitig nebeneinander mehrere Bedeutungen haben oder historisch in verschiedener Weise verwendet werden.
- Verschiedene Begriffe können aber auch das gleiche oder ähnliches bezeichnen (Synonyme), z.B. in verschiedenen Fachrichtungen.

Die Problemstellungen, mit denen sich Pädagogen befassen, liegen im Schnittbereich verschiedener Fächer; sie werden insbesondere auch von Psychologen und Soziologen bearbeitet. Diese Fachrichtungen verwenden dann zum Teil pädagogische Begriffe in anderer Weise oder haben ihre eigenen, disziplinspezifischen Begriffe.

Aus diesen Gründen wird man häufig keinen Erfolg haben, wenn man zu eng nach den Begriffen sucht, auf die man durch die Ideen-/Themensammlung gekommen ist. Das nahe liegende und verbreitete Vorgehen, entweder den fachsprachlichen Begriff oder die umgangssprachliche Frage in eine Suchmaske des Bibliothekskatalogs einzugeben, ist daher letztlich unzureichend.

Gibt man z.B. den Begriff „Verhaltensstörung" ein, wird man hauptsächlich solche Bücher bekommen, in deren Titel oder Schlagwortketten dieser Begriff vorkommt. Solche Begriffe ändern sich aber über die Zeit und ihr Gebrauch kann sich auch von Fach zu Fach unterscheiden. Wo Pädagogen z.B. früher von „Disziplinschwierigkeiten" gesprochen haben, bezeichneten Psychologen dieses

Phänomen eher mit „Verhaltensstörung" und sprechen heute eher von „Verhaltensauffälligkeit". Die Suche ergibt also auf diese Weise nur einen Ausschnitt aus möglicher relevanter Literatur.

Man sollte daher nach anderen Begriffen suchen, unter denen das Phänomen auch noch behandelt worden sein könnte. Hilfsmittel stellen hier Nachschlagewerke dar, wie z.B. (Fach-)Lexika, Handbücher und der jeweilige Begriffsindex, Synonymsuche/Thesaurus in Textverarbeitungsprogrammen oder (Duden-)Synonymwörterbuch.

Wenn man die Suche zum Begriff selbst, zu Synonymen und Vorläufern bei einem Nachschlagewerk/einer Quelle beginnt und dann die Suche mit den zusätzlichen gefundenen Begriffen in weiteren Quellen fortsetzt, zeigt sich, dass sich bestimmte Begriffe wiederholen. Wenn man diesen Begriffen wiederum nachgeht, hat man die Suche verfeinert und das Begriffsfeld eingegrenzt.

Die Suche zum Begriff „Disziplin" ergibt dann z.B.:
- Textverarbeitungsprogramm „Word":
  Synonymsuche ergibt „Zucht", „Ordnung"
- Wörterbuch Pädagogik:
  Suche nach „Disziplin" bringt „Unterricht", „Kenntnis", „Wissen", „Zucht"
- Enzyklopädie Erziehungswissenschaft:
  Suche nach „Zucht" bringt „Regierung", „Bildung", „Führung", „Intervention"
- Handbuch Pädagogik:
  Suche nach „Disziplin" bringt „Regierung", „Ordnung", „Autorität"
- Enzyklopädie Erziehungswissenschaft:
  Suche nach „Regierung (der Kinder)" bringt „Zucht", „Zwang", „Gehorsam"
- Elektronischer Bibliothekskatalog BISCATT:
  Freitextsuche nach „Disziplin" und „Ordnung" / „Disziplin" und „Pädagogik" bringt einerseits Titel, in denen Lebens-/Arbeitsbereiche vorkommen, in denen die Disziplinfrage relevant wird: Schule, Kirche, Staat, Bildung, Erziehungswissenschaft. Andererseits erscheinen Titel, die eher Maßnahmen zum Erreichen der Disziplin (z.T. Ratgeber) behandeln. Zudem wurde ein Problem sichtbar: Der Begriff „Diziplin" bezeichnet auch eine Fachrichtung/Ausprägung einer Sache (z.B. die Disziplin Germanistik).

- Enzyklopädie Microsoft Encarta:

  Disziplin, zum einen die Bezeichnung für einen Wissenszweig bzw. ein wissenschaftliches Fachgebiet, zum anderen die innere Selbstzucht bei der Bewältigung bestimmter Aufgaben oder Handlungspläne. In einem ähnlichen Sinn meint der Begriff auch die geordnete Verfassung einer Gruppe, beispielsweise im militärischen oder sportlichen Kontext die „Disziplin der Truppe". Auch bei der Unterscheidung einzelner Sportarten spricht man von Disziplinen.

  Die im Sinn der Selbstkontrolle verstandene Disziplin hängt eng zusammen mit der Motivation. So genannte disziplinierende Maßnahmen können hier kaum mehr als die äußere Ordnung herstellen. So vermag es der strafende Lehrer zwar womöglich, die Schüler dahingehend zu „motivieren", dass sie eine Bestrafung vermeiden. Der bestrafte Schüler wird jedoch dadurch noch längst nicht die Wendung zur freiwilligen Selbstkontrolle vollziehen.

- Internetlexikon Wikipedia:

  Der Begriff Disziplin (latein disciplina. Lehre, Zucht, Schule) kann mehrere Bedeutungen haben:

    - Disziplin im engeren Sinne von Unterordnung, Zucht, bewusster Einordnung, teilweise auch Ordnung; Selbstdisziplin („er hat Disziplin", „das erfordert Disziplin")

    - ein Teilbereich einer Sportart, Wissenschaft usf.

    - ein Gebiet der Wissenschaften, das durch eine spezifische Methode charakterisiert ist. Disziplinen in diesem Sinne haben sich um die Wende zum 19. Jahrhundert in der philosophischen Fakultät herausgebildet und sowohl von den Fakultätswissenschaften (Theologie, Medizin und Rechtswissenschaft) als auch den älteren praktisch-gegenständlich orientierten Fächern wie etwa der Kameralistik abgegrenzt; diese können somit als das Paradigma nicht-technischer moderner Fächer gelten.

! In diesem Fall ist die Auskunft von Wikipedia hilfreich; häufig ist das aber nicht der Fall, weil unvollständige und sogar falsche Informationen gegeben werden. Diese Fehler sind auch durch den Vergleich mit anderen Quellen nicht zuverlässig aufzuspüren. Von einer Verwendung von Wikipedia für wissenschaftliche Zwecke wird daher entschieden abgeraten.

Der oben beschriebene Suchprozess hat letztlich die gewünschte Eingrenzung erbracht. In der Regel wird aber die nachfolgend beschriebene Suchstrategie noch effektiver sein:

Vorschlag für eine Suchstrategie:

1. Erster Einstieg über allgemeine Nachschlagewerke/Lexika (Brockhaus, Encarta, Duden etc.), um verwandte Begriffe und auch Mehrfachbedeutungen zu klären.
2. weitere Synonyme suchen
3. gefundene Begriffe dann in Fachlexika (Wörterbuch der Pädagogik etc.) weiterverfolgen
4. Mit dieser engeren Auswahl die Suche in Bibliotheken verfeinert fortsetzen.

5.3 Begriffe klären

Die Verständigung mit anderen Personen setzt voraus, dass man mit ihnen hinreichend darin übereinstimmt, was gemeint ist, wenn man von irgendeinem Gegenstand redet. Für die meisten Begriffe muss man eine solche Übereinstimmung einfach unterstellen – man kann eben nicht alles erklären. Im Alltag werden nähere Erläuterungen zur Bedeutung von Begriffen überwiegend erst dann gegeben, wenn es zu Verständigungsschwierigkeiten kommt – oder wenn man sie erwartet.

Für die wissenschaftliche Verständigung wird ein präziserer Ausdruck angestrebt, um die Diskussion von unnötigen Verständigungsschwierigkeiten möglichst frei zu halten. Auch hier gilt, dass nicht jeder Begriff ausdrücklich erläutert werden kann. Zumindest für die zentralen Begriffe einer wissenschaftlichen Arbeit wird es aber notwendig sein, etwas mehr Aufwand zu treiben, um Missverständnisse darüber, wovon in der Arbeit die Rede sein soll, zu vermeiden. Die folgenden Hinweise geben an, wie eine Klärung von Begriffen erreicht werden kann, bzw. wie zu prüfen ist, ob der in der Literatur vorgefundene Begriffsgebrauch unmissverständlich genug ist.

Zunächst: Was ist ein „Begriff"? Als „Begriff" soll hier der Vorstellungsinhalt verstanden werden, den ein Wort bezeichnet. Mit dem Wort „Tisch" kann z.B. der folgende Vorstellungsinhalt bezeichnet sein: Senkrechte Stützen, waagerecht aufgelegte Platte, genutzt als usw.

Um den Vorstellungsinhalt eines Begriffs möglichst eindeutig und unmissverständlich zu machen, sind zwei Vorgehensweisen üblich: Das Definieren und die exemplarische Einführung.

■ Definieren

Die Definition hat das Ziel, möglichst eindeutig festzulegen, welchen Vorstellungsinhalt ein Wort bezeichnen soll. Das geschieht, indem man den zu definierenden Begriff als (speziellen) Fall von ... charakterisiert – mengentheoretisch: als Teilmenge von ...

> „Definition (lat. *definire*, abgrenzen, begrenzen; engl. *definition*) Prozess der inhaltlichen Klärung eines Begriffs, durch Angabe seiner wesentlichen Merkmale, so dass der Sinn dieses Begriffs und seine möglichst unmissverständliche Verwendung in wissenschaftlichen Aussagen klar werden."

> Quelle: Schaub, H./Zenke, K. (Hrsg): Wörterbuch der Pädagogik, 6. Aufl. München 2004, S. 133

Das Vorgehen:

➡ Siehe auch Kap. 4.2 „Themen suchen und eingrenzen".

· 1. Schritt: Zu dem Begriff, der definiert werden soll, wird ein Oberbegriff gesucht. Die Frage ist also „X ist ein Fall von Y?"

Am Beispiel des Begriffs „Angst": Angst kann verstanden werden als ein Fall von „emotionaler Erregung" oder „Irrationalität" oder „Erleben".

Es gibt immer mehrere mögliche Oberbegriffe, außerdem unterschiedlich stark vom Ausgangsbegriff abstrahierende Oberbegriffe. Es sollten solche gewählt werden, die nur wenig vom Ausgangsbegriff abstrahieren.

· 2. Schritt: Vom gefundenen Oberbegriff ausgehend werden Begriffe gesucht, die wie der zu definierende unter den Oberbegriff fallen – also in einem Nebenordnungsverhältnis zu dem Begriff stehen, der definiert werden soll. Gesucht wird also danach: „neben X ist auch Z ein Fall von Y"

Für den zu definierenden Begriff „Angst" und den Oberbegriff „Erleben" können das z.B. Begriffe wie „Furcht", „Freude", Wut" o.ä. sein.

· 3. Schritt: Der zu definierende Begriff wird im Vergleich mit den nebengeordneten Begriffen präzisiert.

Am Beispiel: was hat „Angst" mit „Furcht", „Freude" und „Wut" gemeinsam, was unterscheidet sie davon?

Am Ende steht dann eine Definition folgender Art: „Angst" ist ein Erleben (Verweis auf den Oberbegriff), das charakterisiert ist durch … und sich z.B. durch … von „Furcht" unterscheidet.

Dabei muss der Bezug zu den nebengeordneten Begriffen nicht immer ausdrücklich (wie im Beispiel mit dem Verweis auf die „Furcht") hergestellt werden. In vielen Fällen reicht es, charakteristische Vorstellungsinhalte anzugeben bzw. solche, die eben nicht gemeint sind. Wenn ich das „Auto" definiere als ein Fahrzeug, das mit einem Motor ausgestattet ist und noch verschiedene andere charakteristische Merkmale aufweist, muss ich nicht angeben, dass es sich im Hinblick auf den Motor z.B. vom Fahrrad unterscheidet. Der Angabe des Vorstellungsinhalts „Motor" schließt ein, dass es eben andere Fahrzeuge gibt, die keinen Motor haben (sonst brauchte er nicht erwähnt zu werden), wobei diese Fahrzeuge aber nicht genannt werden, solange sie nicht von besonderem Interesse für das behandelte Thema sind. Insgesamt lassen sich die Schritte der Definition im folgenden Bild darstellen:

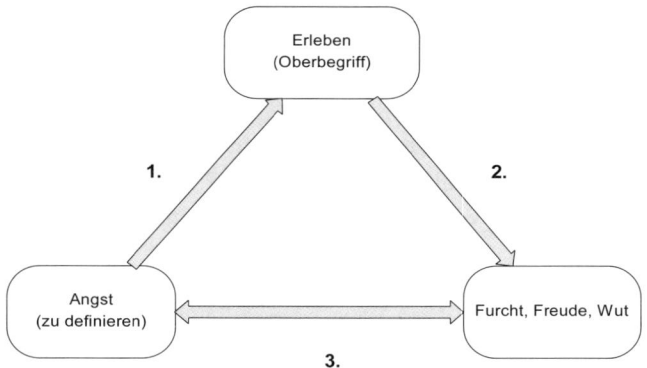

In diesem Dreieck führt der erste Schritt abstrahierend zum Oberbegriff, der zweite wieder auf das ursprüngliche Abstraktionsniveau zurück und der dritte auf der Ausgangs-Abstraktionsebene hin und her.

 Übung „Definition schreiben" in Kapitel 8.1

Anforderungen an eine Definition:

- Definitionen sollten nicht zirkulär sein. In der Definition eines Begriffs sollte also weder der Begriff selbst, noch ein bedeutungsgleicher benutzt werden.
- Die Begriffe, die in einer Definition benutzt werden, sollten klarer als der zu definierende Begriff sein. Im obigen Beispiel wird also der Begriff „Angst" nur dann klarer, wenn die zum Vergleich herangezogenen Begriffe („Furcht", „Freude", „Wut") verständlich sind. Missverständliche und erläuterungsbedürftige Begriffe sollten so lange durch andere ersetzt werden, bis ein hinreichendes Verständnis zu erwarten ist (was oft leider nicht zu erreichen ist).
- Es ist i.d.R. günstiger, Begriffe positiv als negativ zu definieren. Es sollte also eher angegeben werden, welche Vorstellungsinhalte bezeichnet werden sollen, als solche, die nicht bezeichnet werden sollen (pragmatisch: es gibt weniger relevante als irrelevante).

Von wissenschaftlichen Texten darf man erwarten, dass die Begriffe, die für das Thema zentral sind, definiert werden. Das geschieht üblicherweise zu Beginn des Textes; bei Begriffen, die erst später relevant sind, sobald sie eingeführt werden.

Ein Beispiel:

Salzmann beginnt sein Moralisches Elementarbuch 1785 so:

„Die Absicht dieses Buchs ist, in sechs- bis achtjährigen Kindern dasjenige zu erzeugen, was man gute Gesinnung zu nennen pflegt. So bekannt dieß Wort ist, so halte ich es doch für nöthig, mich darüber zu erklären. Gute Gesinnung ist mir ein höherer Grad von richtiger Erkenntniß. Diese besteht bloß darinne, dass man die Eigenschaften einer Sache weis, jene hingegen ist Erkenntniß, nicht bloß der Eigenschaften, sondern auch der Wirkungen und des innern Gehalts einer Sache, die allemal nothwendig mit Zu- oder Abneigung verknüpft ist." (1980, S. IIIf.)

Ein Hinweis auf die wissenschaftliche Qualität eines Textes ist das Bemühen des Autors, sich durch Klärung der verwendeten Begriffe verständlich zu machen. Umgekehrt sind vieldeutige Begriffe, die nicht näher erläutert werden, ein Hinweis auf wissenschaftliche Mängel des Textes. Das gilt erst recht, wenn solche Begriffe gleich in Reihung verwendet werden. Wenn v. Braunmühl z.B. von „Mißtrauen, Intoleranz, Angst, Heuchelei" (⁴1983, S. 84) spricht, von „Entselbstung, Depersonalisation, Versklavung" (S. 83), lässt sich nur vermuten, wovon dabei genau die Rede ist. Es entsteht hauptsächlich der diffuse Eindruck, dass hier etwas Schlimmes geschieht.

 Übung „Definitionen analysieren" in Kapitel 8.1

 Übung „Definitionen anwenden" in Kapitel 8.1

■ **Exemplarische Einführung/Beispiele geben**

Ein anderes Verfahren, Begriffe zu klären, besteht darin, Beispiele zu geben – es wird in manchen Zusammenhängen auch „Realdefinition" genannt. Man bewegt sich dabei nicht auf eine übergeordnete Ebene hin, wie bei der Definition, sondern auf eine untergeordnete: Man gibt also z.B. Fälle von „Angst" an.

Exemplarische Einführung

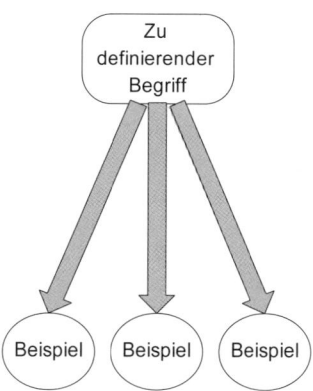

Dieses Vorgehen ist dann sinnvoll, wenn sich ein Begriff auf dem Weg der Definition nicht klären lässt, weil die dazu benötigten Vergleichsbegriffe auch nicht deutlich klarer als der zu definierende sind. Aber auch dann, wenn eine Definition möglich ist, kann die Angabe von Beispielen das Verständnis zusätzlich fördern. Salzmann setzt deshalb die oben zitierte Erklärung, was er unter Gesinnung versteht, mit einem Beispiel fort:

> „Gebt z.B. dem fünfjährigen Karl zwey gelbe, runde, geprägte Scheibchen, davon das eine ein Rechenpfennig, das andere ein Dukaten ist, zeigt ihm die Merkmale, wodurch sie sich voneinander unterscheiden, dass das eine hellgelb, und das andere dunkelgelb ist, das eine mit einem Kopfe, das andere mit einem wilden Manne bezeichnet, das eine leichter als das andere ist, so hat Karl eine Erkenntnis von beyden, die man wirklich richtig nennen kann. Nun aber macht ihm den Werth des Dukatens begreiflich, und sagt ihm, wie viele Rosinen und Mandeln und bleyerne Husaren er dafür kaufen kann: so habt ihr seine Gesinnung bestimmt. Er kennt nicht blos den Dukaten, er liebt ihn auch." (S. IV)

Häufig wird es allerdings notwendig sein, eine Reihe von Beispielen und Gegenbeispielen zu formulieren, bis hinreichend klar ist, worauf es bei den Beispielen ankommt. Denn jedes Beispiel ist ja immer unter einer Vielzahl von Aspekten interpretierbar, so dass erst durch mehrere Beispiele klarer wird, welche Aspekte vernachlässigt werden können.

Wenn etwa zur Verdeutlichung des Begriffs „Angst" ein Beispiel angegeben wird, das von einem Mann in einer bestimmten Situation handelt, werden erst weitere Beispiele deutlich machen, ob der Gebrauch des Begriffs „Angst" an das Geschlecht und an bestimmte situative Bedingungen gebunden wird oder nicht. Wegen der Vieldeutigkeit von Beispielen wird also die Erläuterung eines Begriffs allein über ein Beispiel nicht gelingen, wenn nicht genau erklärt wird, worauf es bei dem Beispiel ankommt.

Abschließend zeigt die folgende Grafik das Vorgehen im Vergleich:

Definition und exemplarische Einführung

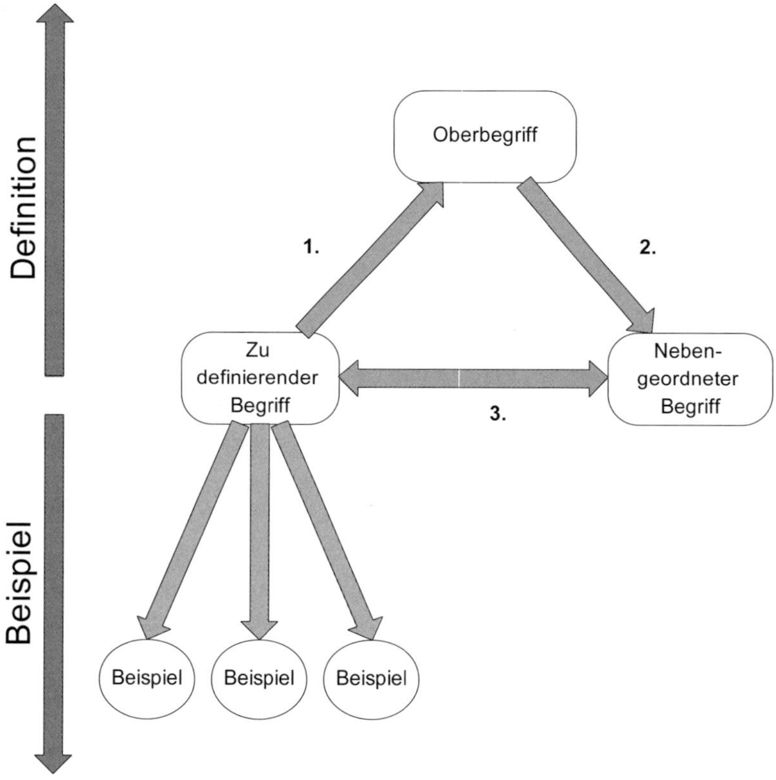

Definition

Oberbegriff

1. 2.

Zu definierender Begriff

3.

Neben-geordneter Begriff

Beispiel

Beispiel Beispiel Beispiel

 Übung „Definitionen und Beispiele schreiben" in Kapitel 8.1

 Zusätzliche Definitionsbeispiele in Kapitel 7.5

5.4 Begriffs- und Satzarten unterscheiden

Begriffe und Sätze lassen sich danach unterscheiden, worüber sie etwas aussagen – etwa über reale Gegebenheiten/Tatsachen oder über Beurteilungen, die wir mit diesen Tatsachen verbinden.

Wichtig ist diese Unterscheidung deshalb, weil von der Art der Aussage abhängt, welche Geltung sie hat und wie sie sich prüfen lässt. Z.B. lässt sich die Aussage eines Lehrers, ein Schüler laufe häufig durch die Klasse, durch die Beobachtung des Schülers überprüfen, die Aussage, dies Verhalten sei eine Provokation, dagegen nicht.

■ **Analytische Begriffe und Sätze**

Analytische Aussagen dienen dazu, Beziehungen herzustellen. Z.B. verknüpfen „und", „oder", „aber", „dagegen" usw. Satzteile oder Sätze. Der Satz „Der Gebrauch des Begriffs „Angst" auf den Seiten 15-20 widerspricht dem auf den Seiten 35-80." vergleicht zwei Textpassagen.

Analytische Begriffe und Sätze machen keine Aussage über reale Gegebenheiten, sondern über Beziehungen. Überprüft werden analytische Sätze, indem die behauptete Beziehung bestätigt oder verworfen wird (oben: „widerspricht").

(Auf meinem Tisch liegt ein Buch und auf. Mein Bodem auf dem anderen Tisch.)
Der eine Gegenstand ist älter als ein anderer Gegenstand.

■ **Normative (präskriptive) Begriffe und Sätze** *vorschreibend*

Normative Aussagen bringen ein Werturteil, eine Forderung oder Vorschrift zum Ausdruck. Normative Begriffe wären z.B.: „böse", „gut" usw. Normative Sätze wären z.B.: „Du sollst Dein Zimmer aufräumen!", „Jeder Bürger hat die Pflicht …" usw. Ob und in welchem Maße ein Begriff/Satz eine Wertung oder Forderung zum Ausdruck bringen soll, ist oftmals nur aus dem Kontext (im Gespräch z.B. auch aus der Betonung) zu entnehmen.

Wesentlich ist, dass normative Aussagen weder falsch noch wahr sind. Es lässt sich nicht an realen Gegebenheiten überprüfen, ob sie zutreffen oder nicht. Der Satz „Lehrer sollten ihre Schüler häufiger loben als tadeln" lässt sich also nicht durch Hinweis auf das Verhalten von Lehrern bestätigen oder verwerfen. Die Geltung solcher Aussagen hängt vielmehr davon ab, wie weit eine für andere akzeptable Begründung für die Wertung oder Forderung gegeben wird.

Das Buch ist gut.

Wenn „warum ist das so?", oft normativ

…gegen Normen zugrunde.

Basisnorm → Unternormen

■ Deskriptive Begriffe und Sätze

Deskriptive Aussagen beziehen sich im Gegensatz zu normativen auf reale Gegebenheiten bzw. deren Merkmale.

Zu unterscheiden sind deskriptive Aussagen mit direktem und indirektem Bezug zu realen Gegebenheiten. Im ersten Fall geht es um direkt beobachtbare Gegebenheiten (z.B. „Lob", „Kuss"). Im zweiten Fall, wenn nur ein indirekter Bezug besteht, geht es um Sammelbegriffe für beobachtbare Phänomene – z.B. „Erziehungsstil", „Antwortverhalten" – oder um Einflussgrößen, die man quasi hinter den beobachtbaren Gegebenheiten annimmt – z.B. „Aggressivität", „Motivation". Derartige Begriffe werden in der Pädagogik häufig verwendet. Deskriptive Sätze wären z.B. „Die Jena-Plan-Schule ist ein Reformversuch von Peter Petersen" oder „Das Wetter ist heute regnerisch".

Deskriptive Aussagen lassen sich an realen Gegenständen überprüfen und als zutreffend oder unzutreffend bestimmen. Hier geht es also bei der Prüfung um wahr oder falsch.

Geltungsbereich von Sätzen

Für eine angemessene Formulierung bzw. Prüfung von Aussagen ist weiterhin wesentlich, welchen Geltungsbereich diese Aussagen haben. Unterschieden wird zwischen singularen, partikularen und generellen Sätzen.

* Singulare Sätze machen Aussagen über ein einzelnes Ereignis. Z.B. „Peter hat blaue Augen."
* Partikulare Sätze machen Aussagen über Ereignisse, die mehrfach, aber nicht immer aufgetreten. Z.B.: „Manche Kinder haben blaue Augen." *muss nur 1 finden.*
* Generelle Sätze machen Aussagen über Ereignisse, die ohne Ausnahme immer auftreten. Z.B.: „Alle Kinder in Schweden haben blaue Augen."

Übung „Satzarten/Geltungsbereiche unterscheiden" in Kapitel 8.2

Übung „Normative Aussagen erkennen" in Kapitel 8.2

immer mit Begründung !!!

5.5 Aussagen prüfen

■ Prüfung deskriptiver Aussagen

Deskriptive Aussagen können, da sie sich auf (mehr oder weniger) konkrete reale Gegebenheiten beziehen, wahr oder falsch sein.

Die Möglichkeit, zu entscheiden, ob es sich um eine wahre oder falsche Aussage über konkrete reale Gegebenheiten handelt, unterscheidet sich allerdings bei Aussagen mit unterschiedlichem Geltungsbereich.

Die Prüfung im Falle singularer oder partikularer Aussagen:

Der Satz: „Da kommt Dieter." lässt sich unmittelbar von jedem als wahr oder falsch überprüfen, der Dieter kennt und weiß, was mit dem Begriff „kommen" gemeint ist. Eine Prüfung setzt hier genau bei dem bezeichneten Einzelfall an (andere Einzelfälle sind für eine Prüfung unbrauchbar). Diese Überprüfung kann dann entfallen wenn eine generelle Aussage möglich ist, die diesen Einzelfall einschließt. Beispiel: Die Aussage „Klaus hat den Mathe-Test nicht bestanden." erweist sich bereits als falsch, wenn ich weiß, dass Klaus Schüler der Klasse 7b ist und alle Schüler in dieser Klasse den Test bestanden haben.

Bei partikularen Sätzen der Form „Manche Schüler melden sich häufiger, wenn sie ab und zu vom Lehrer gelobt werden." kann der Satz schon dann als wahr gelten, wenn man in mindestens einem Fall die Aussage bestätigt findet. Als falsch lassen sich partikulare deskriptive Sätze nur dann klassifizieren, wenn man alle relevanten Fälle kennt und weiß, dass die Aussage auf sie nicht zutrifft. Konkret heißt das: Partikulare Sätze werden sich meistens nicht als falsch nachweisen lassen – daher vermutlich auch ihre Beliebtheit in der Literatur.

Die Prüfung genereller deskriptiver Aussagen:

„Schüler melden sich häufiger, wenn sie ab und zu vom Lehrer gelobt werden." Dieser Satz behauptet einen Zusammenhang zwischen Lob und Schülermeldungen, der ohne Ausnahme, also generell, gültig ist. Hier reicht entsprechend schon eine Ausnahme, um festzustellen, dass die Aussage falsch ist.

■ Rechtfertigung normativer Sätze

Normative Sätze, wie etwa „Frauen sollten verstärkt in technische Berufe gehen!", machen keine Aussagen über reale Gegebenheiten, sondern darüber, wie diese zu beurteilen sind, sein sollten usw. Normative Sätze lassen sich daher nicht durch Prüfung von Tatsachen als wahr oder falsch erweisen. Die Geltung normativer Sätze hängt nicht davon ab, ob sie wahr oder falsch sind, sondern davon, ob sie gerechtfertigt oder nicht gerechtfertigt sind. Dabei ist es sinnvoll, zwischen zwei Problemen zu unterscheiden, die zu bewältigen sind:

- dem des methodischen Anfangs der Legitimierung und
- dem Problem des Übergangs von ersten/grundlegenden Legitimierungen zu konkreten Normen und Handlungsanweisungen („Ableitungsproblem').

Das erste Problem besteht darin, eine sichere und tragfähige Grundlage für Entscheidungen in pädagogischen Fragen zu finden. Es geht hier um die Identifizierung von Normen, die eben nicht nur subjektiv wichtig und ansonsten austauschbar sind.

Das zweite Problem besteht darin, von solchen sicheren Grundlagen zu konkreten Handlungsvorgaben zu gelangen, die nicht nur einfach möglich und damit beliebig sind, sondern eine konsequente Ausgestaltung und Konkretisierung der Basisentscheidungen darstellen.

Der methodische Anfang der Rechtfertigung (Legitimierung)

Es gab und gibt verschiedene Strategien der Rechtfertigung von Ansprüchen. Sie reichen von einfachen Setzungen des Typs „So soll es sein! Basta!" bis zur gemeinsamen Verständigung (Konsensverfahren). In der erziehungswissenschaftlichen Diskussion besteht heute Einigkeit darüber, dass schlichte Setzungen oder Verweise auf (angebliche) Selbstverständlichkeiten, die sich Begründungen ersparen, nicht ausreichen. Ein unzulässiges Verfahren der Legitimierung ist wegen seiner Häufigkeit besonders hervorzuheben, der so genannte naturalistische Fehlschluss.

Naturalistischer Fehlschluss

Das Prinzip dieses Fehlschlusses besteht darin, aus deskriptiven Aussagen normative Folgerungen zu ziehen. Am Beispiel: „Schon Kinder im Vorschulalter sitzen täglich bis zu 2 Stunden vor dem Fernsehgerät. Es ist also an der Zeit, vor allem im Kindergarten korrigierend auf das Spielverhalten der Kinder einzuwirken." Diese Folgerung verstößt gegen das so genannte „Hume'sche Prinzip", das kurz gefasst besagt: Aus Tatsachen folgt keine Norm. Gemeint ist damit, dass ein Übergang von deskriptiven zu normativen Sätzen nicht ohne zwischengeschaltete Begründung stattfinden darf. Die Problematik des naturalistischen Fehlschlusses besteht darin, dass implizit unterstellt wird, der jeweilige Autor und seine Leser seien sich schon über die Beurteilung einig und eine Begründung könne daher entfallen.

Drei Beispiele:

> „Am meisten kommt es auf die erste Erziehung an, die unbestreitbar Sache der Frauen ist. Wenn der Schöpfer der Natur gewollt hätte, dass sie Sache der Männer wäre, er hätte ihnen Milch gegeben, um die Kinder zu stillen." (Rousseau 1971, S. 9)

Deskriptive Aussage	*Normative Folgerung*
• Männer können nicht stillen.	• Frauen sollen die erste Erziehung übernehmen!

In diesem Fall wird die Folgerung noch zusätzlich durch einen angenommenen göttlichen Plan gestützt.

> „Wir werden schwach geboren und brauchen die Stärke. Wir haben nichts und brauchen Hilfe; wir wissen nichts und brauchen Vernunft." (Rousseau 1971, S. 10)

Deskriptive Aussage	*Normative Folgerung*
• Wir haben bei der Geburt nichts, sind schwach und unwissend.	• Kindern soll geholfen werden, sie sollen stark und vernünftig werden!

> „Kinder haben keine überschüssigen Kräfte. Sie haben nicht einmal genug Kräfte für all das, was die Natur von ihnen verlangt. Man muss ihnen also den Gebrauch aller Kräfte lassen, die die Natur ihnen gibt und die sie sowieso nicht missbrauchen können. Erster Leitsatz.
>
> Man muss ihnen helfen und in allem beistehen, was ihnen an Einsicht und Kraft an dem ermangelt, was zu ihren körperlichen Bedürfnissen gehört. Zweiter Leitsatz.
>
> In der Hilfe, die man ihnen gewährt, muss man sich einzig auf das wirklich Nützliche beschränken, ohne der Laune oder unvernünftigen Wünschen etwas zuzugestehen. Launen werden sie nicht quälen, wenn man sie nicht aufkommen hat lassen, da sie nicht in der Natur begründet sind. Dritter Leitsatz.

Man muss ihre Sprache und ihre Zeichen sorgfältig studieren, damit man in einem Alter, in dem sie sich noch nicht verstellen können, unterscheiden kann, ob ihre Wünsche unmittelbar der Natur entspringen oder ihrem Gutdünken. Vierter Leitsatz." (Rousseau 1971, S. 45f.)

Deskriptive Aussage	Normative Folgerung
• Kinder sind schwach. Diese Schwäche wird hier gleich beurteilt: zu schwach, um sie missbrauchen zu können.	• Man soll den Gebrauch der Kräfte nicht beschränken! • Man soll den Kindern helfen! Allerdings so, dass keine Launen aufkommen! • Dazu soll man Sprache und Zeichen auf Anzeichen von Launen untersuchen!

Die Relativität von Normen und Legitimierungsmöglichkeiten

Während der naturalistische Fehlschluss den falschen Eindruck erweckt, bestimmte Normierungen seien zwingend und nicht mehr verhandlungsfähig, geht man in der wissenschaftlichen Pädagogik heute davon aus, dass Normen veränderlich sind und immer wieder neu gerechtfertigt werden müssen. Die historische Relativität von Normen, und damit die Notwendigkeit einer Legitimierung, ist insbesondere von der so genannten geisteswissenschaftlichen Pädagogik (ca. 1920 bis 1970) betont worden. Als einer der Vorbereiter dieser Richtung gilt Wilhelm Dilthey, der sich (ca. 1884) so geäußert hat:

„Die hervorragenden pädagogischen Systeme beanspruchen, das Ziel der Erziehung, die Werte der Lehrgegenstände und die Methoden des Unterrichts allgemeingültig, sonach für ganz verschiedene Völker und Zeiten, zu bestimmen." (S. 83)

„Erziehung ist die absichtliche Einwirkung auf das heranwachsende Geschlecht, welche den heranwachsenden Individuen eine bestimmte Form des Lebens, eine bestimmte Ordnung der geistigen Kräfte geben will. Das Erziehungsideal, das sie verwirklichen möchte, ist jederzeit geschichtlich bedingt. (…) So hat kein Versuch, das sittliche Ziel der Menschheit zu definieren, das Ziel der Erziehung daraus abzuleiten, auf Allgemeingültigkeit Anspruch. (Dilthey 1971, S. 130)

! Also: Normen sind relativ, veränderlich und Verhandlungssache.

Das war allerdings bereits ein Jahrhundert früher zur Zeit der Entstehung der wissenschaftlichen Pädagogik den führenden Vertretern der Disziplin bewusst. So dokumentieren etwa Kants Vorlesungen zur Pädagogik, Herbarts Allgemeine Pädagogik oder Schleiermachers Vorlesungen zur Theorie der Erziehung das Bemühen der Verfasser, ihre Erziehungsziele zu begründen, einsichtig und akzeptabel zu machen.

Ein Beispiel:

In seinen Vorlesungen zur Theorie der Erziehung erörtert Schleiermacher (²1964) die Frage, worin die Aufgabe der Pädagogik bestehen solle.

> „Sagen wir, die Erziehung soll die heranwachsende Jugend so ausbilden, dass sie tüchtig ist und geeignet für den Staat, wie er ist; so würde dadurch nichts anderes geleistet werden als dieses, die Unvollkommenheit würde verewigt und durchaus keine Verbesserung herbeigeführt werden. (…)
> Wollen wir das Entgegengesetzte annehmen und ausgehend von dem Bewusstsein der Unvollkommenheit sagen, das Ziel der Pädagogik sei, dass jede Generation nach vollendeter Erziehung den Trieb und das Geschick in sich habe, die Unvollkommenheiten auf allen Punkten des gemeinsamen Lebens zu verbessern: dann kommen wir wieder in das Unbestimmte hinein, von dem fernzubleiben unsere Aufgabe ist." (S. 63f.)

Nach weiteren Überlegungen kommt Schleiermacher zu folgendem Fazit:

> „So wollen wir also die Formel stellen, Die Erziehung soll so eingerichtet werden, dass beides in möglicher Zusammenstimmung sei, dass die Jugend tüchtig werde, einzutreten in das, was sie vorfindet, aber auch tüchtig, in die sich darbietenden Verbesserungen mit Kraft einzugehen." (S. 64)

Nach Abwägung der Vor- und Nachteile verschiedener Aufgabenbestimmungen der Pädagogik macht er hier einen Vorschlag. Er formuliert kein Ziel, das einfach so ist oder sein muss, sondern eines, das er (begründet) so *will*.

Nun ist zwar in der wissenschaftlichen Pädagogik unstrittig, dass Normen, wie z.B. Erziehungsziele, begründet werden sollten, tatsächlich ist aber auch die erziehungswissenschaftliche Literatur durchsetzt mit zahllosen Sollens-Aussagen, für die keine Begründungen gegeben werden – das gilt auch für die Schriften der oben Genannten: Kant, Herbart und Schleiermacher. Dafür gibt es einen ganz einfachen, praktischen Grund: Der Versuch, alle normativen Aussagen zu rechtfertigen, ist zum Scheitern verurteilt, führt vielmehr nur dazu, dass man über die Diskussion der Bedingungen der Möglichkeit des Redens über … nicht hinauskommt. Es geht also nicht einfach darum, *ob* ein Autor Begründungen liefert, sondern um das *Ausmaß*, in dem er darum bemüht ist, solche Begründungen zu liefern. Daraus ergibt sich ein Hinweis auf die wissenschaftliche Qualität des Textes – der Autor macht damit seine Beurteilungen nachvollziehbar, stellt sie zur Diskussion und macht sie kritisierbar.

Wenn man wissen möchte, wie weit ein Autor sich die Mühe macht, seine normativen Aussagen zu begründen, ist es allerdings notwendig, nicht nur auf Formulierungen zu achten, die offensichtlich Sollens-Aussagen sind (etwa Begriffe wie „muss", „soll", „darf" o.ä. enthalten). Während ältere pädagogische Texte (vor 1945) noch recht unbekümmert und selbstbewusst Forderungen formulieren – das gilt auch für die Zeit der so genannten „Reformpädagogik" (ca. 1900-1933) – hat der Umgang mit normativen Aussagen in der Zeit nach 1945 häufig etwas unentschlossen ‚Verschämtes': Man traut sich nicht richtig (weil ja eigentlich alles relativ und kritisierbar ist), will aber doch bestimmte Festlegungen und Normierungen treffen.

Beispiele:

> „Die pädagogische Wissenschaft hat zu ihrem allgemeinen Gegenstand die ganze Zone des menschlichen Lebens, in der sich die Erziehungsvorgänge abspielen." (Flitner 1980, S. 25)

Was hier als Beschreibung daherkommt, ist eine Sollens-Aussage: Ich, Wilhelm Flitner, halte es für notwendig, dass sich die pädagogische Wissenschaft mit allen Erziehungsvorgängen beschäftigt!

Blankertz spricht von der Personalitätsfunktion, die „aus der Tradition der europäischen Pädagogik auferlegt" sei (1977, S. 80). Formuliert als (historischer) Sachzwang versteckt sich hier die Sollens-Aussage: Ich, Herwig Blankertz, halte es für wichtig, dass wir aus der Tradition folgende Konsequenz ziehen!

Wenn die Rede davon ist, man könne nicht umhin, etwas sei nicht zu übersehen, nur auf der Basis von … verstehbar usw., dann sind auch dies verklausulierte Normierungen, die, wenn sie gehäuft auftreten, Zweifel am Bemühen des Autors wecken sollten, sich der Diskussion zu stellen.

■ Der Weg von einer Basisnorm zu konkreten (Unter-)Normen

Wenn eine Einigung über die Basisnorm erreicht ist, besteht die nächste Frage darin, was daraus für das konkrete Handeln folgt. Wegen ihrer Häufigkeit werden zunächst zwei weit verbreitete Strategien vorgestellt, die nach heutigem wissenschaftstheoretischem Verständnis unzureichend sind.

„An-sich-gut"-Strategie

Eine Strategie besteht darin, sich überhaupt nicht mit einer explizit formulierten Basisnorm zu beschäftigen, also nicht anzugeben, warum man etwas tut. Die konkrete Handlungsanweisung hängt daher „in der Luft". Dieses Vorgehen ist so verbreitet, dass es kaum noch Aufmerksamkeit erregt. Weil das so ist, haben Postman und Weingartner (1972) es verfremdet, um die Problematik deutlicher zu machen. Sie lassen in einem fiktiven Gespräch ein Ärzteteam so reden, wie dies nach Einschätzung der Autoren typisch für viele Pädagogengespräche ist:

„Stellen Sie sich die folgende Szene vor: Im Allgemeinen Krankenhaus von Blear versammelt Dr. Gillupsie einige der jungen ansässigen Chirurgen um sich. Sie sind daran, ihre wöchentliche Besprechung der in den letzten Tagen durchgeführten Operationen zu beginnen. Gillupsie nickt Jim Kildear zu und deutet damit an, daß seine Fälle zuerst diskutiert werden sollen:

Gillupsie: Na, Jim, was hast du diese Woche angestellt?
Kildear: Nur eine einzige Operation. Ich habe dem Patienten von 412 die Gallenblase entfernt.
G: Was für Beschwerden hatte er?
K: Beschwerden? Keine. Ich glaube, daß es von Natur aus richtig ist, die Gallenblase zu entfernen.
G: Von Natur aus richtig?
K: Ich meine an sich richtig. Ich rede über das Entfernen von Gallenblasen qua Entfernen von Gallenblasen.
G: Ach so, Sie meinen das Entfernen von Gallenblasen *per se*!
K: Genau, Chef. Das Entfernen seiner Gallenblase hat einen inneren Wert. Wie wir sagen, war es richtig um seiner selbst willen.
G: Großartig, Jim. Wenn es etwas gibt, das ich hier in Blear nicht zulassen werde, dann ist es ein Chirurg, der bloß praktisch ist. Was wartet die nächste Woche auf Sie?
K: Zwei frontale Lobotomien.
G: Ich nehme an, frontale Lobotomien qua frontale Lobotomien?
K: Was sonst denn?
G: Wie steht es mit Ihnen, Dr. Fuddy? Was haben Sie diese Woche gemacht?
F: War sehr beschäftigt. Vier Exzisionen pilodinaler Zysten.
G: Ich wußte gar nicht, daß wir so viele Fälle haben.
F: Haben wir auch nicht, aber wie Sie wissen, mag ich diese Exzisionen. Es war mein Hauptgebiet in der Ausbildung, wissen Sie.
G: Natürlich, ich habe es ganz vergessen. Ich erinnere mich jetzt daran, daß die Aussicht auf die Exzisionen pilodinaler Zysten Sie zur Medizin gebracht hat, war es nicht so?
F: Das ist richtig, Chef. Ich war schon immer daran interessiert. Offen gestanden habe ich für Blinddarmoperationen nie viel übrig gehabt.
G: Blinddarmoperationen?
F: Nun ja, das scheint das Problem des Patienten in 397 gewesen zu sein.
G: Aber Sie bleiben doch bei der alten Exzision der pilodinalen Zyste, wie?

65

F: Genau, Chef.

G: Gute Arbeit, Fuddy. Ich weiß, wie es um Sie steht. Als junger Mann war ich äußerst interessiert an Hysterektomien.

F: (kichert) Ein bißchen schwierig bei Männern, nicht wahr, Chef?

G: Na ja (wiehert). Sie wären jedoch überrascht, wenn Sie sehen würden, was ein guter Chirurg ausrichten kann. (wird ernst) Nun, Carstairs, wie stehen die Dinge?

C: Ich glaube, ich habe einiges Pech gehabt, Dr. Gillupsie. Keine Operation diese Woche, aber drei von meinen Patienten sind gestorben.

G: Gut, da werden wir etwas unternehmen müssen, nicht wahr? Woran sind sie gestorben?

C: Ich bin nicht sicher. Gillupsie, aber ich habe jedem von Ihnen genug Penicillin gegeben.

G: Aha, das übliche Verfahren, „an sich richtig", nicht wahr, Carstairs?

C: Nun ja, nicht ganz, Chef. Ich dachte einfach, das Penicillin würde ihnen helfen wieder gesund zu werden.

G: Weswegen haben Sie sie behandelt?

C: Nun, jeder von ihnen war ziemlich krank, Chef, ich weiß, daß Penicillin kranke Menschen wieder gesund macht.

G: Natürlich tut es das, Carstairs. Ich glaube, daß Sie richtig gehandelt haben.

C: Und die Todesfälle, Chef?

G: Schlechte Patienten, mein Sohn, schlechte Patienten. Ein guter Arzt kann bei schlechten Patienten nichts ausrichten. Ein gutes Medikament kann bei schlechten Patienten genauso wenig ausrichten.

C: Ich habe aber trotzdem ein ungutes Gefühl, daß sie vielleicht kein Penicillin brauchten, sondern etwas anderes.

G: Unsinn! Mit Penicillin kann bei guten Patienten nichts schiefgehen. Wir wissen das alle. Ich würde mir darüber nicht den Kopf zerbrechen, Carstairs." (S. 66ff.)

Das Problem: Es wird die ganze Zeit über Maßnahmen ‚an sich‘ geredet, ohne irgendeinen Gedanken daran zu verschwenden, was man überhaupt erreichen will. Beispiele für derart losgelöste Diskussionen über Maßnahmen sind im Alltag, aber auch in wissenschaftlichen Texten leicht zu finden: Da werden ohne Ziel Daten gesammelt (vgl. Fromm 2003) und Maßnahmen durchgeführt; und eine Diskussion findet bestenfalls darüber statt, wie man vielleicht anders vorgehen sollte, aber nicht darüber, warum eigentlich.

Ableitung

Ein weiteres problematisches Verfahren der Legitimierung von Handlungsanweisungen besteht darin, sie aus Basisnormen ‚abzuleiten‘. Wer z.B. für den Frieden (Basisnorm) ist, darf ‚natürlich‘ seinen Kindern keine Spielzeugwaffen kaufen (Handlungsanweisung). Wer die Nächstenliebe als wichtige Norm akzeptiert, muss ‚natürlich' für karitative Zwecke spenden usw. Dies lässt sich grafisch wie folgt darstellen:

Legitimation: Ableitung

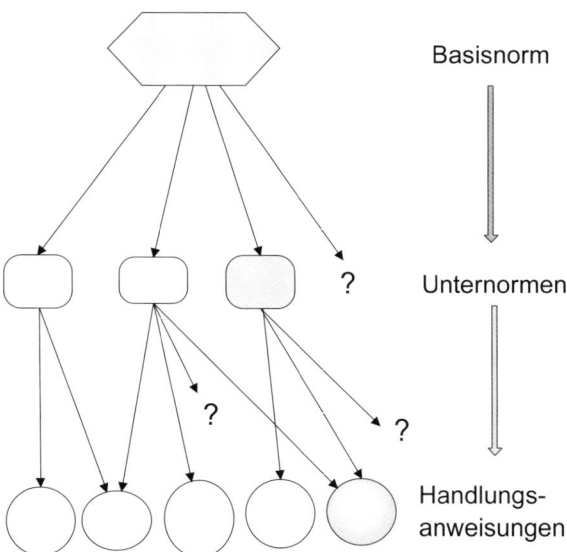

Beispiel 1:

Bei einer Prominentenbefragung zum Thema „Bildung" stellte z.B. der Moderator Günther Jauch die Forderung auf, Kinder sollten 30 Minuten am Tag Klavier üben. Diese zunächst recht erstaunliche Forderung ergibt sich grafisch dargestellt auf folgendem Weg:

Beispiel: Günther Jauch zur Bildung

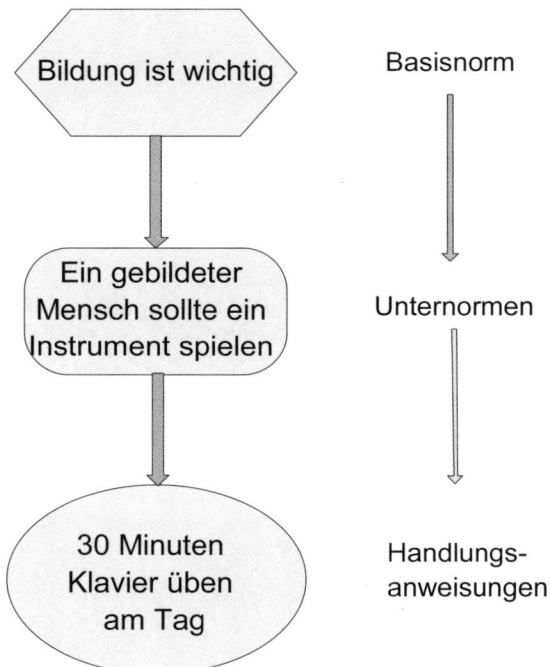

Bildung ist wichtig — Basisnorm

Ein gebildeter Mensch sollte ein Instrument spielen — Unternormen

30 Minuten Klavier üben am Tag — Handlungs-anweisungen

 Übung „Ableitung 1" in Kapitel 8.2

Beispiel 2:

Meyer ([2]1974, S. 41ff.) veranschaulicht das im Prinzip gleiche Vorgehen bei der Begründung des neuen Lehrplans für die polytechnische Oberschule der DDR. Hier wird aus der Basisnorm, der allseitig und harmonisch entwickelten sozialistischen Persönlichkeit, letztlich bis auf Prozentwerte genau die Stundentafel abgeleitet:

Beispiel: Lehrplan Polytechnische Oberschulen DDR

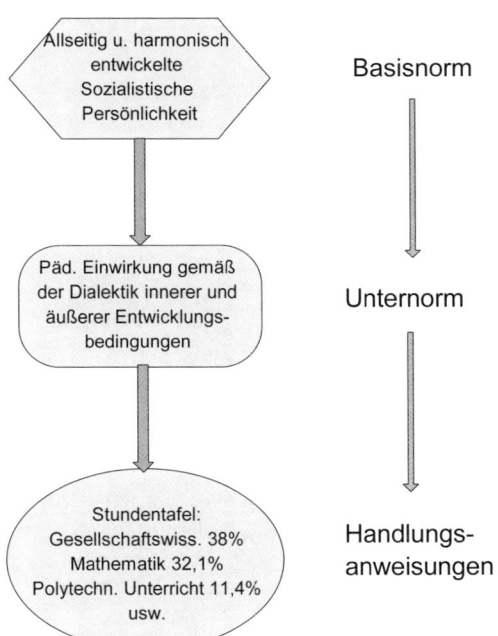

Das Problem, wie man von Basisnormen zu konkreteren Normen gelangt, füllt in der wissenschaftstheoretischen Diskussion u.a. unter den Überschriften „Theorie-Praxis-Problematik" und „Technologie-Problematik" ganze Regale. Über ein letztlich befriedigendes Vorgehen besteht keine Einigkeit – wohl aber darüber, was nicht geht: die logische Ableitung konkreter Normen aus Basisnormen.

Als unzulässig wird dieses Verfahren wegen des damit verbundenen Anspruchs angesehen, die einzig möglichen, unbedingt notwendigen Handlungsanweisungen zu formulieren, die dann entsprechend auch nicht mehr zu diskutieren oder gar kritisieren sind. Dabei gerät nämlich aus dem Blick, dass es sich bei diesen Handlungsanweisungen nicht um zwingende Ableitungen aus der obersten Norm, sondern um beliebige subjektive Festlegungen handelt. Aus der Basisnorm können zahlreiche verschiedene Unternormen abgeleitet werden und aus diesen wieder verschiedene Handlungsanweisungen. Die Existenz dieser Alternativen wird geleugnet, wenn *eine* Handlungsanweisung als die einzig mögliche dargestellt wird.

 Übung „Ableitung 2" in Kapitel 8.2

 Übung „Ableitung 3" in Kapitel 8.2

! Da der Weg von der Basisnorm zur Handlungsanweisung keine logische Ableitung ist, sondern eine gestufte Entscheidung zwischen Alternativen, wäre eine Begründung erforderlich, warum man unter den prinzipiell möglichen Alternativen jeweils gerade diese für sinnvoll und angemessen hält.

Eine Möglichkeit, diese Entscheidung zu stützen, besteht in der Ziel-Mittel-Argumentation. Zwischen alternativen Handlungsanweisungen wird nach empirisch belegter Erfolgswahrscheinlichkeit der geforderten Maßnahmen entschieden.

Zwei Beispiele:

• „Ziel: Es soll kooperatives Verhalten von Schülern gefördert werden.
• Eine empirische Aussage über die Wirkung bestimmter Maßnahmen: Gruppenarbeit führt im allgemeinen zur Steigerung des kooperativen Verhaltens.
• Konsequenz (konkrete Norm): Im Unterricht soll verstärkt Gruppenarbeit eingesetzt werden!" (König/Zedler 1998, S. 34)

Die Ziel-Mittel-Argumentation lässt sich auch an der folgenden Argumentation Rousseaus verdeutlichen:

• Ziel: Kindern soll geholfen werden – allerdings nur dann, wenn ihre Wünsche der Natur entspringen und nicht einer Laune.
• Empirisches Wissen: „Ein Kind, dessen Leib und Glieder frei sind, weint unfehlbar weniger als ein Wickelkind. Ein Kind, das nur die physischen Bedürfnisse kennt, weint nur, wenn ihm etwas weh tut. Und das ist ein sehr großer Vorteil, denn dann weiß man ganz genau, wann es Hilfe braucht." (S. 46)
• Konsequenz (konkrete Norm): Kinder nicht wickeln!

! Die Ziel-Mittel-Argumentation führt nicht zu zwingenden Handlungsanweisungen, sondern begründet nur die getroffene Wahl besser. Sie wird dadurch intersubjektiv verständlich und kritisierbar. Die Relativität der Argumentation besteht wiederum darin, dass die Empirie im pädagogischen Bereich keine sicheren Gesetzmäßigkeiten liefert, sondern nur Wahrscheinlichkeiten.

5.6 Texte gliedern und strukturieren

Für wissenschaftliche Texte gilt grundsätzlich, dass sie dem Adressaten das Verständnis und die Orientierung so weit wie möglich erleichtern sollten. Und es ist Sache des Autors, für Verständnis und Orientierung zu sorgen, nicht die des Lesers. Die dafür erforderliche Strukturierung erstreckt sich auf alle Teile des Textes, beschränkt sich also z.B. nicht auf die Gliederung und hört auch nicht bei der Anordnung und Verknüpfung von Textabsätzen auf, sondern sollte bis zu einzelnen Satzteilen durchgehalten werden

Ein wichtiger Hinweis auf die wissenschaftliche Qualität eines Textes besteht entsprechend darin, wie konsequent ein Text bis in die Feinstruktur hinein aufgebaut ist. Das wird um so besser gelingen, je disziplinierter der Verfasser sich auf das beschränkt, was unbedingt für die Bearbeitung der Fragestellung notwendig ist.

Das gilt nicht nur für ganze Kapitel der Arbeit, sondern letztlich für jeden Satz. Eine Einleitung, die bei den Sumerern anfängt, um dann irgendwann bei der Frage nach der pädagogischen Bedeutung von Pausen in der Schule zu enden, mag bereits auf den ersten Blick ziemlich abwegig wirken, durchaus verbreitet sind aber z.B. Darstellungen, die erst einmal „Leben und Werk" eines Autors im Überblick darstellen, bevor sie den jeweiligen Ansatz vorführen – manchmal sind dann „Leben und Werk" länger als der Rest. Sinnvoll ist diese Darstellung nur dann, wenn die biographische und historische Einbettung zum Verständnis des Ansatzes beiträgt oder notwendig ist. Andernfalls handelt es sich nur um überflüssige und zudem leicht zu referierende Fakten, die über die wissenschaftliche Qualität der Arbeit nichts aussagen. In anderen (nicht primär wissenschaftlichen) Kontexten mögen „Leben und Werk", Porträts usw. der gefühligen Einstimmung dienen, im wissenschaftlichen Kontext sind sie i.d.R. verzichtbar.

■ Der Aufbau einer wissenschaftlichen Arbeit

Eine wissenschaftliche Arbeit sollte in Anlehnung an gängige Anforderungen an die Gestaltung eines Buches in die so genannte Titelei, den Textteil und den Anhang gegliedert sein:

1.Titelei

- Deckblatt mit Angaben zur Institution, Betreuer, Titel der Arbeit, Verfasser usw.
  ➡ Vertieft wird das Thema in Kapitel 5.9 „Layout und Visualisierungen".
- Inhaltsverzeichnis/Gliederung – Das Inhaltsverzeichnis sollte für einen Leser *vor* der Lektüre der Arbeit verständlich, klar und konsistent strukturiert sein.
- Abbildungsverzeichnis (optional)
- Abkürzungsverzeichnis (optional)

2. Textteil

- Einleitung – Die Einleitung hat vor allem den Zweck, die Fragestellung der Arbeit deutlich zu machen, darüber hinaus den Zugang zur Bearbeitung dieser Fragestellung und die Schritte, in denen dies geschehen soll. Vorgriffe auf die Ergebnisse der Arbeit gehören dagegen, wenn vermeidbar, nicht in die Einleitung, weil sie üblicherweise ohne Lektüre der Arbeit nicht verständlich sind.
- Eigentlicher Textteil – Der Haupt-Textteil der Arbeit sollte übersichtlich strukturiert sein. Zum Verständnis tragen (kurze) Zwischenzusammenfassungen und Überleitungen an den Kapitelenden bei.
- Zusammenfassung, Fazit

3. Anhang

- Anmerkungen zum Text, falls diese nicht als Fußnoten unten auf den entsprechenden Seiten erscheinen.
- Literatur- und Quellenverzeichnis
- Belegmaterialien (z.B. Interviewtransskripte, Tabellen oder Schaubilder, die im Haupttext die Lektüre erschweren würden)
- Eidesstattliche Erklärung (bei Examensarbeiten)

■ **Texte gliedern**

Die Gliederung eines Textes soll im Überblick möglichst leicht verstehbar machen, was für den Autor unter dem behandelten Thema wichtig ist und wie es zusammengehört.

Davon zu unterscheiden sind Gliederungen, die erkennbar eher den Sinn haben, den Leser auf ein Kapitel gespannt zu machen, die aber eben keine Ordnungs- und Orientierungshilfe bieten. Solche Strategien, z.B. durch Verrätselung des Inhalts Spannung zu erzeugen und Leser zu motivieren, sind jedoch für wissenschaftliche Texte ungeeignet. Bei der Literaturrecherche deutet entsprechend eine derartige Gliederung darauf hin, dass man es vermutlich mit einem nicht-wissenschaftlichen Text zu tun hat.

 Zwei Fragen an Gliederungen sind zu unterscheiden:

1. Was gehört zum Thema? Sind die notwendigen Aspekte behandelt, werden überflüssige vermieden?
2. Was gehört (im Rahmen der Thematik) wohin? Ist die Abfolge der Gliederungspunkte sinnvoll und konsequent?

◆ *Was gehört zum Thema?*

Um abzuklären, was zum Thema gehört und was nicht, sind wieder die Arbeitsschritte sinnvoll, die bereits in den vorigen Kapiteln zur Eingrenzung des Themas und zur Bestimmung von Begriffen vorgestellt wurde (siehe „5.2. Themen suchen und eingrenzen" und „6.3. Begriffe klären"). Das heißt, man ordnet das Thema in einen übergeordneten Kontext ein und fragt anschließend, wogegen man das Thema abgrenzen möchte und welche konkreten Anwendungsfälle dazu gehören. Danach sollte es möglich sein, zu erkennen, welche Aspekte des Themas auf jeden Fall dazugehören und wann die Besprechung anderer Aspekte eher einen Exkurs darstellen oder gar nicht dazu passen.

◆ *Ordnen von Gliederungspunkten*

Es geht jetzt darum, die als wichtig festgelegten Gliederungspunkte in eine angemessene Reihenfolge zu bringen, bzw. sie in Untergruppen zusammenzufassen. Welche Ordnung dabei sinnvoll ist, hängt immer vom Thema und der jeweiligen Fragestellung ab. Im folgenden ein paar Beispiele, die auch kombiniert werden können:

- *Chronologie:*
  Wenn man z.B. über die (historische) Entwicklung einer Sache schreibt (z.B. Entwicklung des Schulrechts seit 1945), wird sich häufig ein Aufbau empfehlen, der sich an der zeitlichen Abfolge orientiert (früher/später).
- *Entwicklungslogik:*
  Wenn Dinge, über die man schreibt, auseinander hervorgegangen sind (z.B. Formen des Selbstsicherheitstrainings u.a. aus Vorarbeiten Wolpes zur systematischen Desensibilisierung), dann wird es i.d.R. sinnvoll sein, dieser Entwicklungslogik in der Gliederung zu folgen. (vorher/nachher: Voraussetzung – Folge; Ursache – Wirkung)
- *Art des Zugangs:*
  Theoretische Vorarbeiten und daran anschließende empirische Untersuchungen (abstrakt/konkret: Theorie – Praxis/Empirie)
- *Steigerung:*
  Der Beginn kann z.B. mit Ansätzen gemacht werden, die relativ naiv oder in der Fragestellung beschränkt arbeiten, um sich dann zunehmend komplexeren Formen der Auseinandersetzung mit einer Frage zuzuwenden; es werden also z.B. immer mehr Aspekte berücksichtigt (von einfach zu komplex).
- *Bekanntheitsgrad:*
  Wenn man z.B. eine neue Methode oder einen neuen Ansatz einführen will, wird es häufig sinnvoll sein, zunächst mit Methoden zu beginnen, die schon bekannt sind, um dann die Innovation einzuführen.
- *vom Teil zum Ganzen:*
  Manchmal setzt das Verständnis einer Sache das Wissen um eine andere voraus. Ich muss also z.B. erst den Begriff des Verstärkers kennen, um mich sinnvoll mit Verstärkerprogrammen beschäftigen zu können.
- *Aufzählung:*
  Z.T. geht es nur um die Darstellung verschiedener Positionen, die sich nicht sinnvoll oder nicht insgesamt stringent nach einem Gesichtspunkt anordnen lassen. Dann ist das Prinzip schlicht: Es gibt x und y und z und … (Autor x/Autor y; Tradition A/Tradition B, Verfahren 1/Verfahren 2). Dieser Auf-

bau sollte aber nur dann gewählt werden, wenn eine stärkere Verknüpfung der Arbeitsteile nicht möglich ist.

 Allgemein gelten folgende Anforderungen an die Gliederung:

- Klarheit der verwendeten Begriffe
- Klarheit des Gliederungsprinzips
- Konsistenz des Gliederungsprinzips auf der jeweiligen Gliederungsebene
- Vergleichbares Abstraktionsniveau der Gliederungspunkte auf einer Gliederungsebene

Analyse von Gliederungen bei der Literaturrecherche

Neben der Einleitung liefert die Gliederung eines Textes bereits sehr wichtige Informationen darüber, ob eine weitere Inspektion des Textes lohnend sein dürfte: Wenn die Gliederung unklar und verworren ist, besteht wenig Hoffnung, dass der Autor ansonsten klar und strukturiert arbeitet – und nur bei der Erstellung der Gliederung unter seinem Niveau geblieben ist.

Analyseschritte

Die Analyse einer Gliederung sollte schrittweise erfolgen:
1. Prüfung des Layouts
2. Prüfung der Begriffe auf Verständlichkeit
3. Schrittweise Analyse der Gliederungsebenen hinsichtlich:
   a) Gliederungsprinzip
   b) Sinnhaftigkeit des Gliederungsprinzips
   c) Konsequente Anwendung des Gliederungsprinzips

1. Prüfung des Layouts

Einen ersten Eindruck von der Strukturiertheit liefert das Layout einer Gliederung.

Quelle: Snell, B.: Die Entdeckung des Geistes. Studien zur Entstehung des europäischen Denkens bei den Griechen. 7., unveränd. Aufl. Göttingen 1993.

Bereits ohne Lektüre des Textes ist an dieser Gliederung auffällig, dass sie nur eine Gliederungsebene hat, d.h.: alle Gliederungspunkte stehen in einem Nebenordnungsverhältnis zueinander. Der Autor war entweder nicht in der Lage oder sah es nicht als seine Aufgabe an, den Inhalt weiter für den Leser vorzustrukturieren.

Die folgende Gliederung liefert zwar unter den Hauptüberschriften mehr Informationen zum Inhalt, tut dies aber ebenfalls nur in einer unstrukturierten Reihung und zudem unübersichtlich.

Quelle: Rumpf, H.: Unterricht und Identität. Perspektiven für ein humanes Lernen. München 1976.

Der Unterschied zur folgenden Gliederung wird unmittelbar deutlich: Hier ist eine klare Struktur im Layout erkennbar.

Quelle: Fend, H.: Schulklima. soziale Einflussprozesse in der Schule. Weinheim [u.a.] 1977

Natürlich ist es durchaus möglich, dass die Gliederung einen unzutreffenden Eindruck vom Rest des Textes vermittelt: Der nachlässigen Gliederung kann ein wohlstrukturierter Text folgen und hinter der wohlstrukturierten Gliederung kann sich das Chaos auftun – üblicherweise vermitteln aber Gliederungen bereits einen recht zutreffenden Eindruck vom Rest der Arbeit.

2. Prüfung der Begriffe auf Verständlichkeit

An der folgenden Gliederung fällt sofort die heterogene Mischung auf: Neben Namen, die praktisch keinerlei Informationswert haben außer dem, dass hier wohl eine Fallbeschreibung zu finden ist, gibt es Fachbegriffe, die ohne Kenntnis des Buches vermutlich unverständlich sind (*„Hormonostat"*, *„Prototypisches Geburtstrauma"*), daneben zwar bekannte Begriffe, deren Sinn hier aber unklar bleiben muss (*„Kaiserschnitt"*).

„Das befreite Kind – Grundsätze einer primärtherapeutischen Erziehung"

Einführung

1. Gründe für den Wunsch nach Kindern

2. Das intrauterine Leben

Helen

3. Geburtswehen und Entbindung

Kaiserschnitt

Madelyn

4. Das Urerlebnis der Geburt

Brian

Prototypisches Geburtstrauma

Jeff

Anita

Kenneth

Zusammenfassung

5. Nach der Geburt

Fred

Ronald

Louise

6. Stillen

Evelyn

7. Die Bedürfnisse

   Oralität

   Psychische und physische Bewegung

   Das Bedürfnis nach Stimulation

   Körperkontakt

   Kritische Perioden

8. Die innere Umwelt

   Der Hormonostat

9. Langfristige Auswirkungen früherer Erfahrung

10. Körperliche und psychische Bedürfnisse

11. Bedeutung der Forschung für den Menschen

    Beth

12. Kindliche Sexualität

    Inzest

    Nancy

13. Kindliche Ängste – bei Tag und bei Nacht

    Angst vor Wünschen

14. Elterliche Bedürfnisse

    Elternrolle

    Das kindliche Bemühen

    Schlußfolgerungen

15. Was ich von meinen Kindern lerne

    von Vivian Janov

16. Ricks Kinobesuch

17. Primärtherapeutisch behandelte Familien

    Anhang A: Dorothy

    Anhang B: Richard

    Anhang C: Körpererinnerungen

Quelle: Janov, A.: Das befreite Kind. Grundsätze einer primärtherapeutischen Erziehung. Ungekürzte Ausg. Frankfurt am Main 1977.

Die folgende (oben bereits vorgestellte) Gliederung liefert eine Reihung von unverständlichen Überschriften (*„Arkadien, die Entdeckung einer geistigen Landschaft"*), Darstellungen zu Einzelautoren (*„Hesiod"*, *„Pindar"*) und systematischen Überschriften (*„Die naturwissenschaftliche Begriffsbildung im Griechischen"*).

„Die Entdeckung des Geistes: Studien zur Entstehung des europäischen Denkens bei den Griechen"

I.   Die Auffassung des Menschen bei Homer

II.   Der Glaube an die olympischen Götter

III.   Die Welt der Götter bei *Hesiod*

IV.   Das Erwachen der Persönlichkeit in der frühgriechischen Lyrik

V.   *Pindars* Hymnos auf Zeus

VI.   Mythos und Wirklichkeit in der griechischen Tragödie

VII.   Aristophanes und die Ästhetik

VIII. Menschliches und göttliches Wissen

IX.   Zur Entstehung des geschichtlichen Bewußtseins

X.   Mahnung zur Tugend. Ein kurzes Kapitel aus der griechischen Ethik

XI.   Gleichnis, Vergleich, Metapher, Analogie. Der Weg vom mythischen zum logischen Denken

XII.   Die naturwissenschaftliche Begriffsbildung im Griechischen

XIII. Das Symbol des Weges

XIV.   Die Entdeckung der Menschlichkeit und unsere Stellung zu den Griechen

XV.   Über das Spielerische bei Kallimachos

XVI.   Arkadien. Die Entdeckung einer geistigen Landschaft

XVII. Theorie und Praxis

Quelle: Snell, B.: Die Entdeckung des Geistes. Studien zur Entstehung des europäischen Denkens bei den Griechen. 7., unveränd. Aufl. Göttingen 1993.

3. Schrittweise Analyse der Gliederungsebenen

Die folgende (Teil-)Gliederung gehört zur Arbeit „Praktikum und Studium", einer empirischen Studie, die Erfahrungen von Studierenden im Praktikum untersuchen will.

Quelle: Egloff, B.: Praktikum und Studium. Opladen 2002

Auf der ersten Gliederungsebene wird zunächst der Untersuchungsgegenstand, das Praktikum, vorgestellt, dann das Untersuchungsverfahren. Der Aufbau ist also einleuchtend. Weitere Kapitel befassen sich dann mit den Befunden/Fallbeispielen und grundsätzlichen Problemen, die an diesen Befunden deutlich werden.

Methode und Forschungsprozess

1. Die Explorationsphase
2. Die Interviewerhebungsphase
3. Die Analysephase

Auf der nächstniedrigeren Gliederunterungsebene in Kapitel II gibt es den folgenden Aufbau, der erkennbar chronologisch am Ablauf des Forschungsprozesses orientiert ist.

3. Die Analysephase
3.1. Deutungsmuster und Deutungsmusteranalyse
3.2. Die Schritte der Analyse

Wiederum eine Ebene tiefer ist dann z.B. Teil 3. so aufgebaut: Wieder ist das Prinzip einleuchtend: Zunächst wird behandelt, was analysiert wird (3.1), dann die Schritte, in denen die Analyse erfolgt (3.2). Insgesamt ergibt diese Kurzanalyse der Gliederung den Eindruck einer sinnvoll strukturierten Arbeit. Dieser Eindruck wäre im nächsten Zugang durch Lektüre der Einleitung und Auszüge aus dem übrigen Text zu überprüfen.

Die oben angeführte Gliederung ist typisch für empirische Arbeiten, die sich üblicherweise an klare, auch international gebräuchliche Standardstrukturen halten.

Ein weiteres (Teil-)Beispiel zum Thema Unterrichtsanalyse, in diesem Fall handelt es sich um eine Einführung in die Forschungsmethodik:

Quelle: Bachmair, G.: Unterrichtsanalyse. Verfahren und Fragestellungen zur Planung, Durchführung und Auswertung von Unterrichtsbeobachtungen. Weinheim [u.a.] 1974.

Der Aufbau ist relativ überraschungsfrei: Nach der Erläuterung der Fragestellung wird dargestellt, was es zu dieser Frage-/Problemstellung gibt und wo die methodischen Probleme liegen. Dann werden methodische Vorgehensweisen erläutert und diskutiert.

Nicht-empirische, theoretische Arbeiten weisen im Aufbau deutlich mehr Varianten auf (s.o.). Hierzu ein weiteres Beispiel zum Thema „Hitlers Pädagogen":

Quelle: Giesecke, H.: Hitlers Pädagogen. Theorie und Praxis nationalsozialistischer Erziehung. 2., überarb. Aufl. Weinheim 1999

Auf der obersten Gliederungsebene liegt erkennbar ein Reihungsprinzip vor, vermutlich nach dem Einfluss/dem Bekanntheitsgrad der Personen geordnet: es gab, es gab … Unterhalb dieser Ebene ist dann aber keine Systematik mehr zu erkennen, jedenfalls keine, die die Einzeldarstellungen übergreift. D.h.: Diese Darstellung lässt die einzelnen Vertreter jeweils für sich, in ihren spezifischen Zugängen und auch in ihrer Begrifflichkeit zu Wort kommen. Dieser Verzicht des Autors auf eine eigene Systematik erschwert dann einen Vergleich. Hinzu kommt, dass die meisten Unterüberschriften für den Leser unverständlich bleiben und erst nach der Lektüre Sinn ergeben.

 Übung „Gliederung 1" in Kapitel 8.4

 Übung „Gliederung 2" in Kapitel 8.4

 Übung „Gliederung 3" in Kapitel 8.4

 Übung „Gliederungen vergleichen" in Kapitel 8.4

 Übung „Gliederungen neu ordnen" in Kapitel 8.4

■ Texte strukturieren

Bei der Strukturierung von Texten sind drei Aspekte zu unterscheiden: Erstens geht es darum, dass der Text überhaupt strukturiert ist, zweitens darum, dass Struktur und Argumentation sinnvoll sind, drittens schließlich darum, dass Struktur und Argumentationsgang möglichst klar herausgearbeitet und unterstrichen werden.

♦ *Grafische Struktur*

Der Blick auf die folgende Seite zeigt einen Text, der nicht durch Absätze o.ä. strukturiert ist.

mir der Besitzer namens George, im Fluß gebe es massenhaft Riesenforellen. Wir gingen auf die hohe Brücke dort hinaus, blickten hinunter und tatsächlich, da standen die Riesenforellen im Schutz großer Felsbrocken oder in den tieferen, unbewegten Stellen des Flusses. Ich hätte eher geglaubt, diese Riesenforellen seien versunkene Aststücke oder nur Schatten, aber George wußte Bescheid. Nun, ich habe mehrere Achtstunden-Tage an diesem Fluß geangelt, ohne je eine Riesenforelle zu fangen. Und ich machte Überstunden am Bach und fing dort etwa eine kleine Forelle pro Stunde. Wenn ich dagegen mit Jay hinunter zum großen Fluß ging und wir uns ins Wasser stellten (es ging Jay bis an die Brust und er mußte vor mir stehen, um nicht weggespült zu werden), dann fingen wir jede Menge Bachforellen, obwohl uns George versicherte, um diese Jahreszeit könne man im Fluß überhaupt keine Bachforellen fangen. Wir gingen regelmäßig zum Laden hinüber, wo ich jedesmal die zwei riesigen Riesenforellen in der Kühlvitrine sah. Aber so oft ich auch fragte, wer diese Riesenforellen wann gefangen habe, ich kriegte nie eine vernünftige Antwort von George und kam schließlich zu dem Ergebnis, diese zwei prächtigen Riesenforellen müßten Mumien sein. Trotzdem sprach ich mit George weiter über das Fischen von Riesenforellen und kaufte einen Mepps-Blinker einer anderen Größe oder Farbe oder einige Lachs-Fliegen oder ein paar Nacht-Blinker oder was George gerade empfahl, damit ich heute bestimmt eine Riesenforelle fing. Dann kaufte ich für Jay und mich ein Bier und einen Sprudel und wir setzten uns draußen auf die Bank, und George blies im Laden einen Luftballon auf, brachte ihn heraus, rieb ihn heimlich an seinem Pullover und »klebte« ihn Jay auf den Kopf. Jedesmal blieb der Ballon dort kleben, und Jay war immer wieder erstaunt. Kleister-Kopp, rief George dann. Er tat, als sei er genauso erstaunt wie Jay. Du mußt Kleister auf dem Kopf haben, sagte er. Jay wußte, daß er keinen Kleister auf dem Kopf haben konnte, weil wir überhaupt keinen Kleister bei uns hatten. Trotzdem: weshalb blieb der Ballon kleben? Vielleicht, meinte George, liegt das am

Quelle: Herndon, J.: Die Schule überleben. Stuttgart 1972

Im vorliegenden Fall, die Seite stammt aus dem Buch von James Herndon „Die Schule überleben" (1972), passt dieser Eindruck durchaus zur Anlage des Buches. Herndon will keine wissenschaftliche Abhandlung vorlegen, sondern seine Erfahrungen mit der Schule und seine Beurteilung dieser Erfahrungen darlegen – und das tut er in der Form eines Essays unter Überschriften wie „Wie mans richtich macht", „Ein Hund in der Schule", „Eine Umwelt für Eidechsen".

Derart im Erzählstil unstrukturierter Fließtext ist für Arbeiten mit wissenschaftlichem Anspruch unangemessen, weil der Autor sich der Verpflichtung entzieht, möglich klar und intersubjektiv nachvollziehbar darzustellen, wovon die Rede ist. Er überlässt vielmehr dem Leser die Arbeit, Struktur in das Gesagte zu bringen.

◆ *Aufbau der Struktur und Abfolge von Textteilen*

Der zweite oben angesprochene Aspekt der Strukturierung betrifft die Abfolge von Sätzen und Textteilen und darüber hinaus die Frage, ob sie auch in Bezug zueinander stehen.

Im pädagogischen Bereich nimmt die Diskussion von Zielvorstellungen, die durch pädagogisches Handeln erreicht werden können, einen breiten Raum ein. Im Prinzip geht es darum, von einem gegebenen (als unzulänglich beurteilten) IST-Zustand durch geeignete Maßnahmen einen gewünschten SOLL-Zustand herzustellen. Dabei ist erkennbar nicht jede Abfolge der Teile dieser Kette sinnvoll. Eine Diskussion von Maßnahmen ist z.B. wenig sinnvoll, bevor nicht bekannt ist, was eigentlich erreicht werden werden soll. Ob der neue Schulhof etwa eine Tischtennisplatte, Schachbretter oder einen Sandkasten haben soll, lässt sich ,an sich' nicht sagen, sondern nur mit Blick auf die angestrebten Ziele. Derartige Diskussionen über isolierte Maßnahmen sind allerdings nicht nur im Alltag, sondern auch im professionellen pädagogischen Bereich nicht selten (s.o.).

Um eine sinnvolle Abfolge von Textteilen zu gewährleisten, ist daher die Inspektion des fremden oder eigenen Textes daraufhin erforderlich, wovon in einzelnen Passagen die Rede ist: geht es um konkrete vorfindbaren Probleme (IST), um mögliche Maßnahmen, erwünschte Zustände (SOLL), Begründungen für die angestrebten Ziele usw.? Dabei sind nicht nur unsinnige Abfolgen ein Problem, sondern auch ein ständiger unmotivierter Wechsel zwischen Zielen, Maßnahmen usw.

Daneben gehört natürlich zu einer gut strukturierten Argumentation eine sinnvolle und nachvollziehbare Abfolge der behandelten Inhalte. Am oben angesprochenen Beispiel der Schulhofverschönerung: Wenn ständig zwischen notwendigen Baumaßnahmen, Anforderungen an die Lehrer, pädagogischen Vorstellungen zur Nutzung von Pausen usw. hin- und her gesprungen wird, wird das Verständnis des Textes beeinträchtigt oder gar unmöglich.

 Übung „Argumentation neu ordnen" in Kapitel 8.3

+ *Bezüge von Aussagen und Textteilen*

Das Verständnis von Texten und Argumentationsverläufen wird erheblich erleichtert, wenn eine Struktur nicht nur vorhanden ist, sondern explizit deutlich gemacht wird. Wenn z.B. zwei Sätze durch „auch" verbunden werden, wird klar, dass der zweite Satz das im ersten Gesagte unterstreicht, ergänzt, fortführt.

➡ Eine Liste mit Überleitungsbegriffen befindet sich im 7. Kapitel „Material" unter „7.3 Überleitungsbegriffe".

Es ist zwar kein Fehler, wenn keine expliziten Überleitungen und Verbindungen zwischen Textteilen hergestellt werden. Wenn man aber Verständnis und intersubjektive Verständigung fördern will, empfiehlt es sich, selbst etwas dafür zu tun, indem man dem Leser die Orientierung erleichtert, anstatt ihn nach den irgendwo verborgenen Bezügen suchen zu lassen.

 Übung „Bezüge herstellen" in Kapitel 8.3

 Übung „Bezüge analysieren" in Kapitel 8.3

Abschließend hier noch einige Übungen, in denen es zusätzlich zu den oben genannten Prüffragen nach Struktur und Bezügen alle bisher behandelten Fragen wichtig werden, wie z.B. begriffliche Klarheit, Begriffs- und Satzarten und deren Geltungsbereiche.

Übung „Argumentationsstrukturen erkennen" in Kapitel 8.3

 Übung „Argumentationen analysieren" in Kapitel 8.3

 Übung „Lehrerstudium Zeit-Artikel" in Kapitel 8.5

 Übung „Neue Medien Artikel" in Kapitel 8.5

 5.7 Zitieren

Grundsätzlich gilt: Wenn auf die Gedanken anderer Verfasser Bezug genommen wird, sollte dies in jedem Fall deutlich gemacht werden.

■ Verweise

Wenn sich die eigenen Ausführungen nur sinngemäß an die anderer Verfasser anlehnen, ist darauf z.B. in der folgenden Form zu verweisen:

(vgl. Name Erscheinungsjahr, evtl. S. …)

z.B.: (vgl. Hupfrath 1968, S. 56ff.)

Bei Seitenangaben sind folgende Formen üblich:

S. 45-47

S. 45f.   bedeutet: S. 45 und die folgende Seite

S. 45ff.   bedeutet: S. 45 und die folgenden Seiten

Diese Verweise werden an den einschlägigen Stellen in den laufenden Text eingerückt. Seltener: Im Text erscheint nur eine hochgestellte Zahl, die auf eine entsprechende Anmerkung (unten auf der Seite als Fußnote oder am Ende des Kapitels oder des gesamten Textes als Endnote) verweist (die Klammer um den Verweis entfällt dann).

■ **Zitate**

Werden Ausführungen eines anderen Verfassers wörtlich übernommen (zustimmend oder kritisch), ist das am Beginn und Ende der übernommenen Äußerung durch Anführungszeichen anzugeben. Ein Zitat sollte folgenden Kriterien entsprechen:

• Es sollte möglichst *kurz* sein. Also: nicht seitenlang irgendetwas zitieren, sondern nur die Ausführungen, die für die eigene Argumentation unbedingt notwendig sind.

• Es sollte *unmittelbar* sein. Wenn es möglich ist, sollte jeweils die Quelle herangezogen und nicht das Zitat nach einem anderen Verfasser wiedergegeben werden (s.u.). Ist die Quelle nicht zu beschaffen, wird die Angabe mit dem Zusatz versehen: zitiert nach … (abgekürzt auch: zit. n.).

• Es sollte *genau* sein. Also: Schreibweise und Zeichensetzung sind genau zu übernehmen. Vor allem aber: Das Zitat sollte nicht aus dem Zusammenhang gerissen sein, also keinen unzutreffenden Eindruck von der Argumentation des zitierten Verfassers vermitteln. Deshalb ist es auch sinnvoll, die Originalquelle heranzuziehen, weil nur so überprüft werden kann, was der Verfasser ausdrücken will.

■ **Zur Gestaltung des Zitats**

Es müssen nicht immer ganze Sätze zitiert werden. Bei Satzteilen:

> Von Hentig hält es daher für wahrscheinlich, „dass wir mit unseren Schülern insgesamt falsch umgehen" (1974, S. 67).

Bei einzelnen zentralen Begriffen:

> Ziller nennt als Konzept die „Kulturstufentheorie" (1856, S. 78ff.).

Auch Titel von Büchern werden im laufenden Text in Anführungszeichen gesetzt:

> Als 1900 Ellen Keys „Jahrhundert des Kindes" erschien, …

Werden im Zitat einzelne Worte oder Satzteile ausgelassen, ist dies durch drei Punkte oder durch drei Punkte, die in Klammern gesetzt werden, anzugeben: … oder (…)

> Eine „Selbstaktualisierungstendenz, die … jeder Mensch schon immer besitzt" (Rogers 1972, S. 89), wird auch von anderen Autoren …

Wird einem Zitat etwas hinzugefügt, ist das in der folgenden Form kenntlich zu machen:

> „Er (der Zögling, M.F.) besitzt die Anlagen, die …"

Dabei steht die Abkürzung für die Anfangsbuchstaben des Zitierenden (möglich ist auch: d. Verf.). Werden Teile eines Zitats vom Zitierenden hervorgehoben, ist dies in der folgenden Form anzugeben:

> „Der Zögling besitzt <u>unbestimmte</u> Anlagen …" (Ziller 1863, S. 67; Hervorhebung: M.F.)

Fremdsprachige Zitate sollten unserer Meinung nach in ganzen Sätzen wiedergegeben werden (andere Leute halten eine Sprachmischung für unproblematisch). Also nicht:

> Kelly hält „the conceptual distortion …" (1955, S. 119) für das zentrale Problem, wenn …

Etwas anderes ist das schlichte Zitieren eines fremdsprachigen Fachbegriffs, z.B.:

> Kelly behandelt diese Problematik unter dem Begriff „conceptual distortion" (1955, S. 119).

➡ Beispiele zu Mängeln bei Quellenangaben im Kapitel 7 „Material" unter 7.6

5.8 Quellenangaben

Die Quellenangaben sollen klar erkennen lassen, welche Literatur benutzt wurde und wo sich die angegebenen Verweise und Zitate nachlesen lassen. Gebräuchlich sind unterschiedliche Verfahrensweisen, die aber nicht im Kern auseinander gehen, sondern nur in Nebensächlichkeiten. Üblich ist die Angabe der benutzten Literatur am Ende des Textes als Liste, die alphabetisch nach den Nachnamen der Autoren geordnet ist.

Führt man im Literaturverzeichnis mehrere Schriften eines Autors an, kann man bei der zweiten Angabe auf den Namen verzichten und abkürzen: Ders. (Derselbe), entsprechend: Dies. (Dieselbe oder Dieselben). Das gilt auch dann, wenn der Aufsatz eines Autors aus einem Sammelband angegeben wird, den er selbst herausgegeben hat: Ders. (Hrsg.) usw.

■ **Bücher**

Zur vollständigen Angabe eines Buches gehört:

> Name, Vorname, Titel, Erscheinungsort, Erscheinungsjahr

Z.T. wird nur der Anfangsbuchstabe des Vornamens angegeben. Von der genannten Reihenfolge wird nur in der Weise abgewichen, dass das Erscheinungsjahr hinter den Vornamen des Autors tritt. Z.T. wird am Ende noch der Verlag angeführt. (Je nach Fach wird manchmal der Autor unterstrichen oder aber der Titel; i.d.R. wird aber auf Hervorhebungen ganz verzichtet.), z.B.:

> Hentig, Hartmut von: Was ist eine humane Schule? München 1976
> Hentig, Hartmut von (1976): Was ist eine humane Schule? München
> Hentig, H.v. 1976: Was ist eine humane Schule?, München (Hanser)

Solange die oben angeführten Angaben vollständig sind, erfüllt die Literaturangabe ihren Zweck. Varianten sind dann Geschmackssache, auf die allerdings oft sehr viel Wert gelegt wird. Wesentlich ist vor allem, dass innerhalb einer Arbeit ein Prinzip der Angabe von Literatur durchgehalten wird.

Spezialfälle:

Manchmal fehlt in einem Buch eine Angabe zum Erscheinungsjahr. Man schreibt dann: o.J. Entsprechend bei fehlender Ortsangabe: o.O.

Ist ein Buch in mehreren Auflagen erschienen, die sich unterscheiden, muss angegeben werden, welche Auflage man benutzt. Z.B.:

> Kieper, Franz: Die Frage der Autorität, 7. erw. u. verb. Aufl. Freiburg 1968

(erw. = erweitert, verb. = verbessert)

Wird nur eine spätere Auflage benutzt, zu der keine Angaben gemacht sind, ob sie sich von der ersten unterscheidet oder nicht, kann das in der folgenden Weise geschrieben werden:

> Greisel, Hugo: Der Lehrer, 8. Aufl. München 1975

oder einfacher:

> Greisel, Hugo: Der Lehrer, München [8]1975

Ist der angegebene Autor nur Herausgeber des angegebenen Buches, wird dies hinter dem Vornamen durch den Zusatz (Hrsg.) oder (Hg.) angegeben.

■ Zeitschriften und Sammelbände

Für die Angabe von Zeitschriftenartikeln oder Aufsätzen in Sammelbänden gelten grundsätzlich die oben genannten Anforderungen (auch die Reihenfolge). Zusätzlich ist anzugeben, in welchem Sammelband oder in welcher Zeitschrift der Artikel steht, und auf welchen Seiten. Z.B.:

> Käfer, Erwin: Der Lehrer heute, in: Zeitschrift für Pädagogik, 1/80, S. 27-45

1/80 bedeutet dabei: Heft 1 im Jahr 1980. Häufig wird zusätzlich der Jahrgang der Zeitschrift angegeben. I.d.R. wird bei Zeitschriften nicht der Erscheinungsort angegeben (der Verlag auch nicht). In Sonderfällen, wo z.B. zwei Zeitschriften gleichen Namens bestehen (z.B. BRD und DDR), sind zusätzliche Angaben notwendig, um eine unzweifelhafte Identifizierung zu ermöglichen.

Bei Aufsätzen in Sammelbänden schreibt man z.B.:

> Schreiner, Gernot: Zur Strafe in der Erziehung, in: Budrich, Hans (Hrsg.), Erziehungsfragen, München, S. 99-105

■ Internet

Verweise auf Fundstellen im Internet sollten enthalten:

> Name, Vorname: Titel des Dokuments. [URL-Angabe]
> Jahr/letzte Änderung/Version (Datum, an dem die Seite aufgerufen wurde)

Wenn Verfasser und Jahr nicht angegeben sind: Titel des Dokuments. [URL-Angabe] (Datum, an dem die Seite aufgerufen wurde)

> Fromm, Martin: Informationen zum Pädagogikstudium an der Universität Stuttgart. [http://www.uni-stuttgart.de/pae/lehre/infos/doc/allgemein.pdf] 1999 (04.03.2005)

➡ „7.6 Mängel bei Quellenangaben" im Kapitel 7

5.9 Layout und Visualisierungen

■ **In schriftlichen Arbeiten**

1. Vorlagen

Für die Gestaltung von wissenschaftlichen Arbeiten bieten heute alle größeren Textverarbeitungsprogramme entsprechende Formatvorlagen bereits an. Diese Vorlagen umfassen üblicherweise das Deckblatt mit den Textfeldern für die notwendigen Angaben (Titel, Verfasser usw.), eine Vorlage für den Hauptteil der Arbeit mit entsprechenden Seiten-, Absatz- und Zeichenformatierungen, evtl. zusätzlich eine Vorlage für das Literaturverzeichnis. Das Erstellen von Inhalts- und Abbildungsverzeichnissen, Einfügen und Formatieren von Kopfzeilen, Fußnoten und Anmerkungen beherrscht heute ebenfalls jedes gängige Textverarbeitungsprogramm. Auch das Erfassen und Editieren von Literaturangaben ist mit der entsprechenden Software, z.B. Citavi oder Bibliographix einfach und vor allem einheitlich möglich.

Natürlich können auch individuelle Formierungen erstellt bzw. Vorlagen abgewandelt werden. Dabei sollte allerdings ein sauberes, übersichtliches und konsistentes Erscheinungsbild Vorrang vor kreativen Experimenten haben. Im Zweifel ist es daher ratsam, die Formatvorlagen von Textverarbeitungsprogrammen zu verwenden – auch wenn sie nicht exakt den individuellen Vorlieben entsprechen.

! Manche Fächer/Fachvertreter behandeln die formale Gestaltung von Arbeiten weniger entspannt und sehen das Abendland gefährdet, wenn die Hochzahl einer Fußnote normal und nicht kursiv formatiert ist (usw., usw.). Daher ist es grundsätzlich ratsam, sich vor der Erstellung einer Arbeit nach den jeweiligen Anforderungen zu erkundigen.

2. Umfang und Form

Umfang (Orientierungswerte)	
Thesenpapier:	3 Seiten
Hausarbeit:	15-20 Seiten
Praktikumsbericht:	15 Seiten
Zwischenprüfungshausarbeit:	25-35 Seiten
Examensarbeit:	80-100 Seiten

Form	
Schriftart:	Times New Roman (o.ä.)/Arial (o.ä.)
Schriftgröße:	12 Punkt
Zeilenabstand:	1,5 zeilig
Seitenränder:	links und rechts 2-3 cm

3. Layout allgemein

Das Deckblatt schriftlicher Arbeiten sollte folgende Angaben enthalten:

Magisterarbeit	Zwischenprüfungshausarbeit
Institution, Institut, Abteilung	Institution, Institut, Abteilung
BetreuerIn der Arbeit	BetreuerIn der Arbeit
Magisterarbeit zur Erlangung des Grades Magister/Magistra Artium o.ä.	Zwischenprüfungshausarbeit zur Erlangung des Grades Magister/Magistra Artium o.ä.
Titel der Arbeit	Titel der Arbeit
vorgelegt von Name des Verfassers/der Verfasserin	Name des Verfassers/der Verfasserin
Adresse	Adresse
Matrikelnummer	Matrikelnummer
Fächerkombination und Fachsemester	Fächerkombination und Fachsemester
Ort, Datum	Ort, Datum
	Telefonnummer (optional)
	E-Mail (optional)

Praktikumsbericht	Hausarbeit
Institution, Institut, Abteilung	Institution, Institut, Abteilung
BetreuerIn der Arbeit	DozentIn
Praktikumsinstitution	Veranstaltung
Zeitraum des Praktikums	Semester
Thema des Praktikumsberichts	Titel der Arbeit
Name des Verfassers/der Verfasserin	Name des Verfassers/der Verfasserin
Adresse	Adresse
Matrikelnummer	Matrikelnummer
Fächerkombination und Fachsemester	Fächerkombination und Fachsemester
Studienabschluss (Magister, Bachelor)	Studienabschluss (Magister, Bachelor)
Datum	Datum
Telefonnummer (optional)	Telefonnummer (optional)
E-Mail	E-Mail
ggf. Überarbeitung/2. Version	ggf. Überarbeitung/2. Version

Thesenpapier	
Abteilung	
DozentIn	
Veranstaltung	
Semester	
Thema des Thesenpapiers	
Name des Verfassers/der Verfasserin	
Matrikelnummer	
Datum	

4. Grafiken

Grafiken haben dann ihre Berechtigung, wenn sie einen Sachverhalt knapper ausdrücken als ein Text oder das Textverständnis durch Illustration erleichtern. Dazu sollte die Grafik nur die unbedingt notwendige Information enthalten.

97

Wenn mehrere Aspekte relevant sind, kann es sich empfehlen, für einzelne Aspekte separate Grafiken anzulegen, anstatt in einer Grafik alles kombinieren zu wollen.

Kreativität ist bei Grafiken nur in dem Maße zulässig, wie Aussage und vereinfachte Vermittlung von Aussagen nicht beeinträchtigt werden, Stilelemente, die von den relevanten Informationen ablenken, sollten vermieden werden. Stilelemente sollten konsistent und gemäß gängigen Konventionen (wo vorhanden) verwendet werden.

▪ In Präsentationen

Was man sagen will, hat grundsätzlich Vorrang gegenüber der Art der Präsentation. Erst wenn der Inhalt angemessen *verarbeitet* ist, ist es sinnvoll darüber nachzudenken, wie er für die Präsentation *aufbereitet* werden sollte. Dabei sollte Art und Form des Einsatzes von Medien davon abhängig gemacht werden, ob und wie sich dadurch ein didaktischer Mehrwert erzielen lässt. Das gilt für die Tafel wie für die Präsentationssoftware.

Anders: Es gibt kein Medium, das immer sinnvoll wäre. Die Tafel z.B. kann relativ spontan und flexibel eingesetzt werden, um Arbeitsergebnisse o.ä. festzuhalten. Sie reduziert, da der Inhalt erst erstellt werden muss, das Arbeitstempo. Wenn nicht Prozesse dokumentiert, sondern Ergebnisse präsentiert werden sollen, ist dagegen Präsentationssoftware vielseitiger einsetzbar.

Wie alle Präsentationen sollten auch solche mit Präsentationssoftware vorab geübt werden (Bedienelemente, Anschlüsse, Beleuchtung, Position im Raum während des Vortrags, Vortragstempo usw.), damit die gewünschte Wirkung nicht durch Technikpannen getrübt wird und vor allem die Konzentration des Vortragenden bei den eigentlich wichtigen Inhalten bleiben kann.

1. Vorlagen

Die Vorlagen, die Präsentationsprogramme üblicherweise anbieten, haben den Vorteil, dass sie durch Voreinstellungen Fehler vermeiden helfen (z.B. Aufbau der Seite, Farbkombinationen, Schriftgrößen) und schnell zu ansehnlichen Resultaten führen. Ihr Nachteil besteht darin, dass sie nur 0815-Lösungen bieten, die bei verstärktem Einsatz solcher Präsentationen auch auf das Publikum als solche erscheinen. Sie sind dem jeweiligen Thema kaum angepasst und geschmacklich z.T. grenzwertig.

2. Layout allgemein

Eine wesentliche Anforderung an das Layout besteht darin, die Orientierung während der Präsentation zu erleichtern. Dazu sollte der Seitenaufbau durchgängig bestimmte Bereiche klar unterscheiden: Z.B. Navigationsbereich, Titelbereich, Bereich für Datum, Verfasser, Seitennummerierung, Text-/Informationsbereich.

3. Farben

Die Farbgestaltung sollte einmal zum Thema der Präsentation passen, zum anderen im Hinblick auf Lesbarkeit optimiert sein. Dabei sind die z.T. erheblichen Unterschiede zwischen Monitor-, LCD- und Beamerdarstellung zu beachten. Die Beamerdarstellung verändert nicht nur Farben, sondern macht dadurch z.T. auch Texte unlesbar.

4. Schriftart

Im Textbereich sollte 18pt nicht unterschritten werden. Für eine bessere Lesbarkeit sollten serifenfreie Schriften (Arial, Helvetica, Verdana usw.) gewählt werden. Die Inhalte pro Seite/Folie sollten auf wenige (3-5) und kurze Punkte reduziert bleiben, Sätze so kurz wie möglich bleiben.

5. Übergänge

Präsentationsprogramme bieten zahlreiche Überblendeffekte zwischen Seiten und Effekte zur Präsentation von Text an, die noch dazu akustisch beliebig begleitet werden können.
Effekte sollten, wenn sie denn gewählt werden, zum Gesamtstil der Präsentation und zum Thema passen; und sie sollten innerhalb der Präsentation konsistent verwendet werden: z.B. wird ein neuer Unterpunkt immer von links hereingeschoben, eine Detaildarstellung herangezoomt usw. Grundsätzlich sollte der Einsatz solcher Effekte aber auf ein Minimum reduziert werden.

6. Literatur

6.1 Verwendete Literatur

Bachmair, G.: Unterrichtsanalyse. Verfahren und Fragestellungen zur Planung, Durchführung und Auswertung von Unterrichtsbeobachtungen. Weinheim [u.a.] 1974.

Blankertz, H.: Theorien und Modelle der Didaktik. München 1969

Blankertz, H.: Was heißt: ein Bildungswesen „pädagogisch" zu verbessern? In: Derbolav, J. (Hrsg.): Grundlagen und Probleme der Bildungspolitik. München/Zürich 1977, S. 79-87

Brezinka, W.: Grundbegriffe der Erziehungswissenschaft. 3. verb. Aufl. München 1977

Dilthey, W.: Schriften zur Pädagogik. Besorgt v. H.-H. Groothoff und U. Herrmann. Paderborn 1971

Egloff, B.: Praktikum und Studium. Diplom-Pädagogik und Humanmedizin zwischen Studium, Beruf, Biographie und Lebenswelt. Opladen 2002.

Fend, H.: Schulklima. soziale Einflussprozesse in der Schule. Weinheim [u.a.] 1977.

Flitner, W.: Allgemeine Pädagogik, Frankfurt a.M. u.a. 1980

Fromm, M.: Schüler- und Unterrichtsforschung. Oder: Warum sollte uns Steffis Hase interessieren? In: Fromm, M./Menck, P. (Hrsg.): Schulpädagogische Denkformen. Weinheim u.a. 2003, S. 63-78

Giesecke, H.: Hitlers Pädagogen. Theorie und Praxis nationalsozialistischer Erziehung. 2., überarb. Aufl. Weinheim 1999.

Henningsen, J.: Handlungsforschung, in: Ders.: Sprachen und Signale der Erziehungswissenschaft, Stuttgart 1980

Herndon, J.: Die Schule überleben. Stuttgart 1972

Horster, D.: Das Sokratische Gespräch in Theorie und Praxis. Opladen 1994.

Janov, A.: Das befreite Kind. Grundsätze einer primärtherapeutischen Erziehung. Frankfurt am Main 1977.

Kerstiens, L.: Das Gewissen wecken. Gewissen und Gewissensbildung im Ausgang des 20. Jahrhunderts. Bad Heilbrunn/Obb 1987.

König, E.: Theorie der Erziehungswissenschaft (Bd. 2). München 1978

König, E./Kößler, H./Ringel, G.: Basiswissen Philosophie. München 1975

König, E./Zedler, P.: Einführung in die Wissenschaftstheorie der Erziehungs-wissenschaft. Düsseldorf 1983

König, E./Zedler, P.: Theorien der Erziehungswissenschaft. Weinheim/Basel 1998

Meyer, E.: Unterrichtsthema Angst, Wiesbaden 1978

Meyer, H.: Einführung in die Curriculum-Methodologie. 2. durchges. Auflage München 1974

Postman, N./Weingartner, C.: Fragen und Lernen. Die Schule als kritische An-stalt. Frankfurt a.M 1972

Prange, K.: Bauformen des Unterrichts. Bad Heilbrunn/Obb. 1986

Premack, David: Reinforcement Theory. In: Levin, D. (Hrsg.) Nebraska Sympo-sium on Motivation. Lincoln Nebraska 1965, S. 123-180

Prim, R./Tilmann, H.: Grundlagen einer kritisch-rationalen Sozialwissenschaft. 2. durchges. Aufl. Heidelberg 1975

Rost, F.: Lern- und Arbeitstechniken für pädagogische Studiengänge. 2. Aufl. Opladen 1999

Rousseau, J.J.: Emil oder über die Erziehung. Paderborn 1972

Rumpf, H.: Unterricht und Identitaet. Perspektiven für ein humanes Lernen. München 1976.

Salzmann, Ch.G.: Moralisches Elementarbuch. Leipzig 1785 (Reprint Dort-mund 1980)

Schaub, H./Zenke, K. (Hrsg): Wörterbuch der Pädagogik, 6. Aufl. München 2004

Schleiermacher, F.E.D.: Ausgewählte pädagogische Schriften. Besorgt v. E. Lichtenstein. 2. Aufl. Paderborn 1964

Snell, B.: Die Entdeckung des Geistes. Studien zur Entstehung des europä-ischen Denkens bei den Griechen. 7., unveränd. Aufl. Göttingen 1993.

Watson, David/Tharp Roland: Einübung in Selbstkontrolle. Grundlagen und Methoden der Verhaltensänderung. München 1975

Zerrenner, C.C.G.: Grundsätze der Schuldisziplin. Magdeburg 1826

6.2 Grundlegende Literatur

Weitere Informationen zu Literatur und Informationsquellen finden sich in:

Lenzen, D. (Hrsg.): Erziehungswissenschaft. Ein Grundkurs. 5. mit e. aktualis. Anhang vers. Aufl. Reinbek 2002

Nachschlagewerke

Böhm, W.: Wörterbuch der Pädagogik. 15. überarb. Aufl. Stuttgart 2000

Lenzen, D. (Hrsg.): Enzyklopädie Erziehungswissenschaft. 12 Bde. Stuttgart 1982-1986. Reprint als Taschenbuchausgabe: Stuttgart/Dresden 1995

Lenzen, D. (Hrsg.): Pädagogische Grundbegriffe. 2 Bde. Reinbek 1989

Reble, A.: Geschichte der Pädagogik. Stuttgart 1999

Reinhold, G./Pollak, G./Heim, H. (Hrsg.): Pädagogik-Lexikon. München/Wien 1999

Schaub, H./Zenke, K. (Hrsg): Wörterbuch der Pädagogik, 6. Aufl. München 2004

Scheuerl, H. (Hrsg.): Klassiker der Pädagogik. 2 Bde. München 1979

Allgemeine Einführungen in die Pädagogik

Albert, K.: Philosophische Pädagogik. Eine historische und kritische Einführung. St. Augustin 1984

Baumgart, F. (Hrsg.): Erziehungs- und Bildungstheorien. Erläuterungen – Texte – Arbeitsaufgaben. 2. durchges. Aufl. Bad Heilbrunn 2001

Benner, D.: Hauptströmungen der Erziehungswissenschaft. Eine Systematik traditioneller und moderner Theorien. 4. neubearb. Aufl. Weinheim 2001

Brinkmann, W./Petersen, J.: Theorien und Modelle der Allgemeinen Pädagogik. Donauwörth 1998

Dietrich, Th.: Zeit- und Grundfragen der Pädagogik. Eine Einführung in pädagogisches Denken. 8. erw. u. überarb. Aufl. Bad Heilbrunn 1998

Flitner, A./Scheuerl, H. (Hrsg.): Einführung in pädagogisches Sehen und Denken. Texte. Neuausg. Weinheim 2000

Kaiser, A./Kaiser, R.: Studienbuch Pädagogik. 10. überarb. Aufl. Berlin 2001

König, E./Zedler, P.: Theorien der Erziehungswissenschaft. Einführung in Grundlagen, Methoden und praktische Konsequenzen. 2. Aufl. Weinheim 2002

Kron, F.W.: Grundwissen Pädagogik. 6. überarb. Aufl. München 2001

Lassahn, R.: Einführung in die Pädagogik. 9. erg. Aufl. Wiebelsheim 2000

Lenzen, D. (Hrsg.): Erziehungswissenschaft. Ein Grundkurs. 5. mit e. aktualis. Anhang vers. Aufl. Reinbek 2002

Lenzen, D.: Orientierung Erziehungswissenschaft. Was sie kann, was sie will. 2. Aufl. Reinbek 2002

Löwisch, D.-J.: Einführung in die Erziehungsphilosophie. Darmstadt 1982

Menck, P.: Was ist Erziehung? Eine Einführung in die Erziehungswissenschaft. Donauwörth 1998

Mollenhauer, K.: Theorien zum Erziehungsprozeß. 3. Aufl. München 1976

Oelkers, J.: Pädagogische Ethik. Eine Einführung in Probleme, Paradoxien und Perspektiven. Weinheim 1992

Petersen, J./Reinert, G.-B. (Hrsg.): Pädagogische Konzeptionen. Eine Orientierungshilfe für Studium und Beruf. Donauwörth 1992

Roth, L. (Hrsg.): Pädagogik. Handbuch für Studium und Praxis. München 1991

Einführungen in spezielle Gegenstandsbereiche der Pädagogik

Allgemeine Pädagogik

Benner, D.: Allgemeine Pädagogik. Eine systematisch-problemgeschichtliche Einführung in die Grundstruktur pädagogischen Denkens und Handelns. 4. vollst. neubearb. Aufl. Weinheim 2001

Brezinka, W.: Grundbegriffe der Erziehungswissenschaft. 3. verb. Aufl. München 1977

Henningsen, J.: Sprachen und Signale der Erziehungswissenschaft. Stuttgart 1980

König, E./Zedler, P.: Theorien der Erziehungswissenschaft. Einführung in Grundlagen, Methoden und praktische Konsequenzen. 2. überarb. Aufl. Weinheim 2002

Lassahn, R.: Grundriß einer Allgemeinen Pädagogik. 3. erg. Aufl. Heidelberg 1993

Oelkers, J.: Einführung in die Theorie der Erziehung. Weinheim 2001

Treml, A.K.: Allgemeine Pädagogik. Erziehung, Bildung, Unterricht – Neuaufl. – Stuttgart 2000

Historische Pädagogik

Benner, D.: Die Pädagogik Herbarts. Eine problemgeschichtliche Einführung in die Systematik neuzeitlicher Pädagogik. 2. überarb. Aufl. Weinheim 1993.

Benner, D./Oelkers, J. (Hrsg.): Historisches Wörterbuch der Pädagogik. Weinheim/Basel 2004

Blättner, F.: Geschichte der Pädagogik. 15. Aufl. Heidelberg 1980.

Blankertz, H.: Die Geschichte der Pädagogik. Von der Aufklärung bis zur Gegenwart. Wetzlar 1982.

Böhme, G./Tenorth, H.E.: Einführung in die Historische Pädagogik. Darmstadt 1990.

Herrlitz, H.-G./Hopf, W./Titze, H.: Deutsche Schulgeschichte von 1800 bis zur Gegenwart. Eine Einführung. 3. Aufl. Weinheim 2001

Knoop, K./Schwab, M.: Einführung in die Geschichte der Pädagogik. Pädagogen-Porträts aus vier Jahrhunderten. 4. durchges. u. erg. Aufl. Wiebelsheim 1999

Oelkers, J.: Reformpädagogik. Eine kritische Dogmengeschichte. 3. überarb. Aufl. Weinheim u.a. 1996

Reble, A.: Geschichte der Pädagogik. 19. Aufl. Stuttgart 1999

Scheibe, W.: Die reformpädagogische Bewegung. Eine einführende Darstellung. Weinheim 1999

Scheuerl, H.: Geschichte der Erziehung. Ein Grundriß. Stuttgart 1985

Scheuerl, H. (Hrsg.): Lust an der Erkenntnis: Die Pädagogik der Moderne. Von Comenius und Rousseau bis in die Gegenwart. Ein Lesebuch. München 1992

Tenorth, H.-E.: Geschichte der Erziehung. Einführung in die Grundzüge ihrer neuzeitlichen Entwicklung. 3. vollst. überarb. u. erw. Aufl. Weinheim 2000

Tenorth, H.-E. (Hrsg.): Klassiker der Pädagogik. 2 Bde. München 2003

Winkel, R. (Hrsg.): Pädagogische Epochen. Von der Antike bis zur Gegenwart. Düsseldorf 1987

Pädagogische Anthropologie

Dienelt, K.: Pädagogische Anthropologie. Eine Wissenschaftstheorie. Köln 1999

Gerner, B.: Einführung in die Pädagogische Anthropologie. 2. Aufl. Darmstadt 1986

Hamann, B.: Pädagogische Anthropologie. Theorien – Modelle – Strukturen. 3. überarb. u. erw. Aufl. Bad Heilbrunn 1998

Wulf, Chr.: Einführung in die Anthropologie der Erziehung. Weinheim 2001

Wulf, Chr./Zirfas, J.: Theorien und Konzepte der Pädagogischen Anthropologie. Donauwörth 1994

Wissenschafts- und Erkenntnistheorie

Berger, P.L./Luckmann, Th.: Die gesellschaftliche Konstruktion der Wirklichkeit. Eine Theorie der Wissensoziologie. Frankfurt a.M. 1969

Glasersfeld, E. v.: Einführung in den radikalen Konstruktivismus. In: Watzlawick, P. (Hrsg.): Die erfundene Wirklichkeit. München/Zürich 1985 (Neuausgabe)

Kron, F.W.: Wissenschaftstheorie für Pädagogen. München 1999

Maturana, R.H./Varela, F. J.: Der Baum der Erkenntnis. Bern u.a. 1987

Popper, K.R.: Lesebuch: ausgewählte Texte zu Erkenntnistheorie, Philosophie der Naturwissenschaften, Metaphysik, Sozialphilosophie. Tübingen 1995

Prim, R./Tilmann, H.: Grundlagen einer kritisch-rationalen Sozialwissenschaft. 2. durchges. Aufl. Heidelberg 1975

Schmidt, S.J. (Hrsg.): Der Diskurs des Radikalen Konstruktivismus. Frankfurt a.M. 1987

Schütz, A.: Der sinnhafte Aufbau der sozialen Welt. Eine Einleitung in die verstehende Soziologie. Frankfurt a.M. 1974

Tschamler, H.: Wissenschaftstheorie. Eine Einführung für Pädagogen. 3. erw. u. überarb. Aufl. Bad Heilbrunn 1996

Forschungsmethodik

Baacke, D./Schulze, T. (Hrsg.): Aus Geschichten lernen – Zur Einübung pädagogischen Verstehens. München 1979

Baacke, D./Schulze, T. (Hrsg.): Pädagogische Biographieforschung. Weinheim/Basel 1985

Bergold, J.B./Flick, U. (Hrsg.): Ein-Sichten (Zugänge zur Sicht des Subjekts mittels qualitativer Forschung). Tübingen 1987

Bortz, J.: Statistik für Sozialwissenschaftler. 5. vollst. überarb. u. akt. Aufl. Berlin u.a. 1999

Bortz, J./Döring, N.: Forschungsmethoden und Evaluation. 3. überarb. Aufl. Berlin u.a. 2003

Brezinka, W.: Metatheorie der Erziehung. 4. Aufl., München/Basel 1978

Danner, H.: Methoden geisteswissenschaftlicher Pädagogik. Einführung in Hermeneutik, Phänomenologie und Dialektik. 4., überarb. Aufl. München 1998

Friebertshäuser, B./Prengel, A. (Hrsg.): Handbuch qualitative Forschungsmethoden in der Erziehungswissenschaft. Weinheim/München 1997

Friedrichs, J.: Methoden empirischer Sozialforschung. Reinbek 1973

Friedrichs, J./Lüdtke, H.: Teilnehmende Beobachtung. 2. Aufl. Weinheim 1973

Fromm, M.: Repertory Grid Methodik. Weinheim 1995

Fuchs, W.: Biographische Forschung. Eine Einführung in Praxis und Methoden. Opladen 1984

Garz, D./Kraimer, K. (Hrsg.): Qualitativ-empirische Sozialforschung. Konzepte, Methoden, Analysen. Opladen 1991

Heinze, T.: Qualitative Sozialforschung. Opladen/Wiesbaden 1987

Henningsen, J.: Autobiographie und Erziehungswissenschaft. Essen 1981

Hitzler, R.; Honer, A. (Hrsg.): Sozialwissenschaftliche Hermeneutik. Eine Einführung. Opladen 1995

Huber, G. L./Mandl, H. (Hrsg.): Verbale Daten. Weinheim/Basel 1982

Ingenkamp, K.: Lehrbuch der pädagogischen Diagnostik. 4. neu ausgestalt. Aufl. Weinheim 1997

Jüttemann, G. (Hrsg.): Qualitative Forschung in der Psychologie. Weinheim/Basel 1985

Jüttemann, G./Thomae, H. (Hrsg.): Biographie und Psychologie. Berlin 1987

Kleber, E.W.: Diagnostik in pädagogischen Handlungsfeldern. Einführung in Bewertung, Beurteilung, Diagnose und Evaluation. Weinheim 1992

König, E./Zedler, P. (Hrsg.): Bilanz qualitativer Forschung. Zwei Bde. Weinheim 1995

Kriz, J./Lisch, R.: Methodenlexikon. München/Weinheim 1988

Kromrey, H.: Empirische Sozialforschung. 5. Aufl. Opladen 1991

Krüger, H.-H./Marotzki, W. (Hrsg.): Erziehungswissenschaftliche Biographieforschung. Opladen 1995

Krüger, H.-H./Marotzki, W. (Hrsg.): Handbuch Erziehungswissenschaftliche Biographieforschung. Opladen 1999

Lamnek, S.: Qualitative Sozialforschung. Bd. 1: Methodologie. München/Weinheim 1988

Lamnek, S.: Qualitative Sozialforschung. Bd. 2: Methoden und Techniken. München/Weinheim 1989

Lehner, H.: Einführung in die empirisch-analytische Erziehungswissenschaft. Bad Heilbrunn 1994

Lisch, R./Kriz, J.: Grundlagen und Modelle der Inhaltsanalyse. Reinbek 1978

Mayring, Ph.: Einführung in die qualitative Sozialforschung: Eine Anleitung zu qualitativem Denken. 2. überarb. Aufl. München 1993

Sader, M.: Rollenspiel als Forschungsmethode. Opladen 1986

Wellenreuther, M.: Quantitative Forschungsmethoden in der Erziehungswissenschaft. Eine Einführung. Weinheim 2000.

Einführungen in spezielle Arbeitsfelder der Pädagogik

Schulpädagogik

Apel, H./Grunder, H.-U. (Hrsg.): Texte zur Schulpädagogik. Weinheim 1995

Baumgart, F./Lange, U. (Hrsg.): Theorien der Schule. Erläuterungen – Texte – Arbeitsaufgaben. Bad Heilbrunn 1999

Blankertz, H.: Theorien und Modelle der Didaktik. 14. Aufl. Weinheim 2000

Glöckel, H.: Vom Unterricht. Lehrbuch der allgemeinen Didaktik. 4. durchges. u. erg. Aufl. Bad Heilbrunn/Obb. 2003

Grunder, H.-U./Schweitzer, F. (Hrsg.): Texte zur Theorie der Schule. Historische und aktuelle Ansätze zur Planung und Gestaltung von Schule. Weinheim 1999

Gudjons, H. (Hrsg.): Didaktische Theorien. 11. Aufl. Hamburg 2002

Hoof, D. (Hrsg.): Didaktisches Denken und Handeln. Eine Einführung in die Theorie des Unterrichts. 5. Aufl. Braunschweig 2001

Jank, W./Meyer, H.: Didaktische Modelle. 5. überarb. Aufl. Berlin 2002

Kemper, H.: Schulpädagogik. Eine problemgeschichtliche Einführung. Weinheim 2001

Kemper, H.: Wie alternativ sind alternative Schulen? Theorie, Geschichte und Praxis. Weinheim 1991

Kiper, H./Meyer, H./Topsch, W.: Einführung in die Schulpädagogik. Berlin 2002

Kron, F.W.: Grundwissen Didaktik. 3. aktual. Aufl. München 2000

Meyer, H.L.: Leitfaden zur Unterrichtsvorbereitung. 12. Aufl. Berlin 1999

Meyer, H.L.: Unterrichtsmethoden. 1. Theorieband: 6. Aufl. 1994, 2. Praxisband: 7. Aufl. 1995 Frankfurt/M.

Meyer, H.L.: Schulpädagogik. Bd. I: Für Anfänger, Bd. II: Für Fortgeschrittene. Berlin 1997

Prange, K.: Bauformen des Unterrichts. Bad Heilbrunn/Obb. 1986

Ulich, K.: Einführung in die Sozialpsychologie der Schule. Weinheim 2001

Erwachsenenbildung

Arnold, R.: Erwachsenenbildung. Eine Einführung in Grundlagen, Probleme und Perspektiven. 4. korr. Aufl. Hohengehren 2001

Kade, J./Nittel, D./Seitter, W.: Einführung in die Erwachsenenbildung/Weiterbildung. Stuttgart 1999

Lenz, W.: Lehrbuch der Erwachsenenbildung. Stuttgart 1987

Nezel, I.: Allgemeine Didaktik der Erwachsenenbildung. Bern 1992

Seitter, W.: Geschichte der Erwachsenenbildung. Eine Einführung. Bielefeld 2000

Tietgens, H.: Einleitung in die Erwachsenenbildung. 2. Aufl. Darmstadt 1991

Medienpädagogik

Baacke, D.: Medienpädagogik. Tübingen 1997

Moser, H.: Einführung in die Medienpädagogik. 3. überarb. u. aktualis. Aufl. Opladen 1999.

Postman, N.: Wir amüsieren uns zu Tode. Frankfurt a.M. 1988

Sacher, W.: Schulische Medienarbeit im Computerzeitalter. Grundlagen, Konzepte und Perspektive. Bad Heilbrunn 2000

Tulodziecki, G.: Medien in Erziehung und Bildung. Grundlagen und Beispiele einer handlungs- und entwicklungsorienterten Medienpädagogik. Bad Heilbrunn 3. überarb. u. erw. Aufl. 1997

Vollbrecht, R.: Einführung in die Medienpädagogik. Weinheim 2001

Sonstiges

Wissenschaftliches Arbeiten

Becker, F. G.: Anleitung zum wissenschaftlichen Arbeiten. Wegweiser zur Anfertigung von Haus- und Diplomarbeiten. 4. durchges. Aufl. Lohmar 2004

Behmel, A.: Erfolgreich im Studium der Geisteswissenschaften. Tübingen 2005

Bohl, T.: Wissenschaftliches Arbeiten im Studium der Pädagogik. Arbeitsprozess, Referate, Hausarbeiten, mündliche Prüfungen und mehr. Weinheim [u.a.] 2005

Burchert, H./Sohr, S.: Praxis des wissenschaftlichen Arbeitens. Eine anwendungsorientierte Einführung. München 2005

Ebster, C./Stalzer, L.: Wissenschaftliches Arbeiten für Wirtschafts- und Sozialwissenschaftler. 2. überarb. Aufl. Wien 2003

Paetzel, U.: Wissenschaftliches Arbeiten: Überblick über Arbeitstechnik und Studienmethodik. 1. Aufl. Berlin 2001

Peterßen, W.H.: Wissenschaftliche(s) Arbeiten. Eine Einführung für Schule und Studium. 6. überarb. und erw. Aufl. München 2001

Rost, F.: Lern- und Arbeitstechniken für das Studium. mit zahlreichen Abbildungen, Beispielen, Checklisten. 4. durchges. Aufl. Wiesbaden 2004

Rückriem, G./Stary, J.: Die Technik wissenschaftlichen Arbeitens. Eine praktische Anleitung. 9. Aufl. Paderborn [u.a.] 1995

Scheld, G.: Anleitung zur Anfertigung von Praktikums-, Seminar- und Diplomarbeiten sowie Bachelor- und Masterarbeiten. 6. aktual. Aufl. Büren 2004

Sesink, W.: Einführung in das wissenschaftliche Arbeiten. Mit Internet – Textverarbeitung – Präsentation. 6. völlig überarb. und aktual. Aufl. München 2003

Sommer, B.: Wissenschaftliches Arbeiten. zu Konzeption, Durchführung und Auswertung von Einführungsseminaren für Studierende sozialer und pädagogischer Fächer. Marburg 2004

Stickel-Wolf, C./Wolf, J.: Wissenschaftliches Arbeiten und Lerntechniken. Erfolgreich studieren – gewusst wie! 3. überarb. Aufl. Wiesbaden 2005

6.3 Links für die Recherche im Internet

Stand: 28.03.2006

■ Pädagogische Fachinformation

- Fachportal Pädagogik:
  http://www.fachportal-paedagogik.de/start.html
  Umfassendes pädagogisches Rechercheangebot in Literaturnachweisen mit dem Verweis auf die Verfügbarkeit der ausgewählten Literatur. Kostenfreier Zugriff auf Verzeichnisse über Personen, Institutionen und Veranstaltungen.
- Dortmunder Fachinformation Erziehungswissenschaften:
  http://www.ub.uni-dortmund.de/Fachinformation/Erziehung.html

- Service-Einrichtung Erziehungswissenschaftlicher Informationsdienst (SE EWIFIS)
  http://www.fu-berlin.de/ewifis
  Umfassendes Informationsangebot, z.B. ein Verzeichnis von Fachzeitschriften und Adressen.
- Pädagogische Zeitschriften vor allem zwischen 1800 und 1860 als digitale Faksimiles:
  http://www.bbf.dipf.de/retro-digit1.htm
- Bildungsgeschichte Online (Datenbank der Bibliothek für Bildungsgeschichtliche Forschung):
  http://www.bbf.dipf.de/cgi-opac/catalog.pl
- Deutsche Gesellschaft für Erziehungswissenschaft (DGFE):
  http://www.dgfe.de/
- Deutsches Institut für internationale pädagogische Forschung:
  http://www.dipf.de/index.htm
  Zahlreiche Links speziell zu internationalen Datenbanken und bildungsgeschichtlichen Quellen.
- Fachinformationssystem Bildung (FIS)
  www.fachportal-paedagogik.de/fis_bildung/fis_form.html
  Bietet einen zentralen Zugriff Ressourcen, von bibliographischen Metadaten über elektronische Volltexte bis hin zur Fakteninformation. Im Zentrum steht eine Literaturdatenbank, ergänzt durch die Möglichkeit einer Metasuche in einer Vielzahl weiterer fachwissenschaftlicher Datenbanken.

■ **Psychologie**

- Deutsche Gesellschaft für Psychologie (DGPS):
  http://www.dgps.de

■ **Soziologie**

- Gesis – Gesellschaft Sozialwissenschaftlicher Infrastruktureinrichtungen:
  http://www.gesis.org/SocioGuide/index.htm
  http://www.social-science-gesis.de/

■ **Forschung**

- Deutsches Forschungsnetz (DFN):
  http://www.dfn.de/
- Max Planck Institut für Bildungsforschung:
  http://www.mpib-berlin.mpg.de/de/sitemap/index.htm
  Das Institut betreibt sozialwissenschaftlichen Grundlagenforschung und bietet Informationen zu empirischen Forschungsvorhaben (wie z.B. PISA, TIMMS, eigene Publikationen)

■ **Bildungsserver und Institutionen**

- Deutscher Bildungsserver (DBS):
  http://bildungsserver.de
  Umfassendes Angebot an Informationen und Materialien nicht nur für die Wissenschaft sondern auch für die Praxis (z.B. Schule).
- Übersicht über die Bildungsserver (auch in Europa):
  http://bildungsserver.de/zeigen.html?seite=274
- Landesbildungsserver Baden-Württemberg:
  http://www.bw.schule.de/
- Bundesministerium für Bildung, Wissenschaft, Forschung und Technologie:
  http://www.bmbf.de/
- Deutsches Institut für Internationale Pädagogische Forschung (DIPF) Frankfurt:
  http://www.dipf.de/

■ **Bibliothekskataloge, Verbundkataloge, (virtuelle) Bibliotheken**

- Bibliotheksinformationssystem für die Region Stuttgart (BISSCAT):
  http://www.biss.belwue.de/cgi-bin/bissform.cgi?sprache=D&maske=S&woher=1&opacdb=DB_UBS&bibl=alle
- Bibliotheks-Servicezentrum Baden-Württemberg:
  http://www2.bsz-bw.de/cms/recherche/links/bibl/bawue /
- Universitätsbibliothek Karlsruhe, Virtueller Katalog (KVK):
  http://www.ubka.uni-karlsruhe.de/hylib/virtueller_katalog.html

- Die Deutsche Bibliothek (Frankfurt a.M.):
  http://www.ddb.de/
- Bibliothek für bildungsgeschichtliche Forschung (DIPF-BBF):
  http://www.bbf.dipf.de
  Die Bibliothek dokumentiert und archiviert Texte und bietet dem Nutzer die Möglichkeit zur Fernleihe und Bestellung von Kopien (kostenpflichtig).

■ **Zeitschriften-Datenbanken, E-Journals, Dokumentlieferservice**

- Zeitschriftendatenbank (ZDB):
  http://dispatch.opac.ddb.de/DB=1.1/SRT=YOP/
  Internationales Verweissystem für Titel- und Besitznachweise fortlaufender Sammelwerke, also von Zeitschriften, Zeitungen usw. Sie verzeichnet jedoch keine Aufsatztitel.
- Literaturdatenbank Bildung des Fachinformationssystems Bildung (FIS Bildung):
  http://www.fachportal-paedagogik.de/fis_bildung/fis_form.html
- Zeitschriftendatenbank der Deutschen Bibliothek, Frankfurt/M.(ZDB):
  http://dispatch.opac.ddb.de/DB=1.1/
- Elektronische Zeitschriften, eine Auswahl der Universitätsbibliothek der FU Berlin:
  http://darwin.inf.fu-berlin.de/work/JournalSearch/
- Elektronische Zeitschriftenbibliothek, Universitätsbibliothek Stuttgart:
  http://rzblx1.uni-regensburg.de/ezeit/search.phtml?Bibid=UBS&colors=7&lang=de
- Infoconnex, Qualitätsinformation Pädagogik, Sozialwissenschaften, Psychologie:
  http://www.infoconnex.de/
  Informationsverbund für Pädagogik, Sozialwissenschaften und Psychologie in Deutschland.
- SUBITO (Dokumentlieferdienst):
  http://www.subito-doc.de/
  Kostenpflichtige Vermittlungsplattform für den Versand von Kopien und Büchern. Recherche in verschiedenen Zeitschriften- und Buchkatalogen.

7. Material

7.1 Selbstmanagement

Wie in Kapitel 2.5 schon erwähnt wurde, sind mit dem Thema des wissenschaftliches Arbeitens auch Fragen der (Selbst-)Organisation. Ergänzend zu der Einführung, die dieses Buch in Regeln und Verfahrensweisen wissenschaftlichen Arbeitens bietet, geben die folgenden Passagen deshalb Hinweise zu einer Verbesserung des Selbstmanagements.

■ Arbeitsorganisation

Veröffentlichungen zum wissenschaftlichen Arbeiten geben mitunter gute Ratschläge zur Lebensführung und zur Gestaltung der Arbeit etwa in der folgenden Weise: Sorgen Sie dafür, dass Sie ausreichend Schlaf bekommen, Bewegung, bekömmliches Essen. Organisieren Sie Ihre Informationssuche und -aufbereitung, indem Sie z.B. einen Karteikasten anlegen (heutzutage eher eine Datenbank), halten Sie Ihr Arbeitsumfeld frei von Störungen, entrümpeln Sie also z.B. Ihren Schreibtisch, sorgen Sie für gute Beleuchtung usw.

Diese Hinweise erscheinen zunächst überflüssig, da selbstverständlich: Man wird eben übermüdet und halb verhungert kaum die optimale Leistung bringen. Ebenso leuchtet ein, dass schlechte Beleuchtung, Straßenlärm usw. beeinträchtigend wirken dürften. Erwähnenswert sind diese Störquellen aber dennoch, weil man sich an solche Bedingungen in erstaunlicher Weise gewöhnen kann: Man sitzt vor einem spiegelnden Monitor bei schlechter Beleuchtung verkrampft auf einem unbequemen Stuhl – und findet nichts Besonderes an dieser Situation, auch nicht daran, dass zwischen all den Bastelarbeiten, Briefen usw. auf dem Schreibtisch kaum noch Platz für die Tastatur bleibt.

Aus diesem Grund ist es durchaus empfehlenswert, das eigene Arbeitsumfeld mit möglichst fremdem Blick daraufhin zu überprüfen, was die Arbeit fördert oder eher behindert. Dazu gehören z.B. folgende Prüffragen:

◆ *Arbeitsrelevanz*

Welche Merkmale und Rahmenbedingungen ihres Arbeitsplatzes haben mit wissenschaftlichem Arbeiten zu tun, welche nicht?

- Der Rahmen: Was sehen, hören, riechen, fühlen Sie an Ihrem Arbeitsplatz? Was davon ist geeignet, Ihre Konzentration und Arbeitsbereitschaft zu fördern, was eher nicht?
- Der Arbeitsplatz: Was steht und liegt an Ihrem Arbeitsplatz herum? Was davon brauchen Sie für Ihre Arbeit, was ist überflüssig oder hat überhaupt nichts mit Arbeit zu tun?

◆ *Ergonomie*

Ist die Einrichtung Ihres Arbeitsplatzes geeignet, Ihnen konzentriertes und entspanntes Arbeiten zu erleichtern?

- Sind alle Hilfsmittel, die sie oft benötigen, in der Nähe, seltener benötigte aus dem Weg geschafft?
- Sind alle Hilfsmittel, Geräte, Möbel richtig eingestellt?

◆ *Verfügbarkeit/Funktionsfähigkeit*

Sind die Hilfsmittel, Geräte, Möbel usw., die Sie an Ihrem Arbeitsplatz benötigen, einsatzbereit und betriebssicher?

- Sind alle notwendigen Hilfsmittel (Literatur, Scanner usw.) zum richtigen Zeitpunkt vorhanden?
- Sind alle Hilfsmittel ausreichend und zuverlässig funktionsfähig?

Diese Prüffragen mögen wenigstens teilweise überflüssig erscheinen, und es auch tatsächlich sein. Es lohnt aber in jedem Fall, das eigene Arbeitsumfeld einmal genauer zu betrachten, ob es denn für das Arbeiten optimal eingerichtet ist.

Bei der Entscheidung, was hilfreich und was eher störend ist, hilft die einfache Weglassprobe: Experimentieren Sie einfach mit verschiedenen Anordnungen.

! Grundsätzlich gilt dabei: Es mag zwar Bedingungen geben, die von den meisten Menschen als störend oder angenehm wahrgenommen werden, für viele dürfte aber gelten, dass für den einen förderlich ist, was den anderen stört: Ein

Kollege diktierte z.B. gern seine Gutachten bei Opernmusik – und trieb damit die Sekretärin, die die Gutachten vom Band abtippen musste, fast in den Wahnsinn.

■ **Selbstkontrolle**

Anregungen der oben genannten Art können dazu beitragen, die Randbedingungen des wissenschaftlichen Arbeitens zweckentsprechend und angenehm zu gestalten. Entsprechende Korrekturen mögen dann bereits ausreichen, die eigene Arbeit zufriedenstellend zu bewältigen – und in diesem Fall müssen Sie sich mit den folgenden Passagen nicht beschäftigen.

Wissenschaftliches Arbeiten hat seine spezifischen Lästigkeiten – und darauf gehen die Anregungen zur Gestaltung der Arbeitsumgebung noch nicht ein. Es ist nicht nur auf- und anregend, sondern auch langweilig und mühevoll – und nicht selten bedrohlich. Jedenfalls gänzlich anders als öffentliche und vor allem mediale Darstellungen es erwarten lassen. Dort wird wissenschaftliches Arbeiten weitgehend als kurzes, kreatives Ereignis präsentiert: man macht eher beiläufig die entscheidende Entdeckung, die irgendwelche letzten Fragen der Menschheit beantwortet.

Tatsächlich kommt Wissenschaft aber über weite Strecken ohne Kreativität oder geniale Einfälle aus, stützt sich vielmehr zu hohen Anteilen auf mehr oder weniger geduldiges Suchen und Aufbereiten von Informationen, Ausprobieren von Denkfiguren, Versuchsanordnungen usw. Nicht wenige wissenschaftliche Arbeiten dürften sogar ohne einen einzigen nennenswerten eigenständigen Gedanken des Verfassers zustande kommen – wenn z.B. einfach Versuchsbedingungen variiert werden (Alter von Versuchspersonen, Dosierung von Substanzen usw.). Kreativität mag in vielen Fällen verzichtbar sein, Geduld, Selbstdisziplin und Frustrationstoleranz sind es sicher nicht. Diese Seiten des wissenschaftlichen Arbeitens kommen aber in der öffentlichen Darstellung praktisch nicht vor.

Erschwerend kommt hinzu, dass beim wissenschaftlichen Arbeiten typischerweise direkte und kontinuierliche Kontrolle und Anleitung von außen fehlen. Es gibt niemanden, der konkret dafür sorgt, dass man sich seine Arbeit richtig einteilt, das Richtige im richtigen Umfang und genügend gründlich liest usw. Entsprechend ist hier jeder stark auf seine Selbstkontrolle angewiesen – und das heißt häufig: der mangelnden Selbstkontrolle ausgeliefert. Denn das Know-how, wie man die fachliche Problemstellung angehen könnte, garantiert nicht schon, dass Kenntnisse und Fähigkeiten auch angemessen und diszipliniert eingesetzt werden (können), insbesondere wenn es schwierige Arbeitsphasen und Rückschritte gibt.

Das öffentliche Bild wissenschaftlichen Arbeitens ist nicht nur einfach falsch, sondern hinderlich und gefährlich. Hinderlich, weil es keine angemessene Einstellung auf das erlaubt, was man tun und können sollte. Gefährlich, weil es keine realistische Selbsteinschätzung ermöglicht: Gemessen an diesen Vorbildern kann man nur kläglich scheitern – weil noch nie jemand in dieser Weise wissenschaftlich gearbeitet hat. Selbst bei Ausnahmewissenschaftlern gehören ausdauernde und häufig ergebnislose Recherchen, Sichtung von Literatur und das geduldige Ausprobieren von Verfahren zum Alltag, Denk- und Schreibblockaden, Irrwege, fehlende Anerkennung durch Kollegen usw. Man erfährt nur normalerweise nichts über die Zeiten, die jemand z.B. mit zunehmender Verzweiflung vor einem leeren Blatt oder Computerbildschirm verbracht hat.

Diejenigen, die nach schneller Literaturbeschaffung und -sichtung munter und ohne Stocken ihre Texte herunterschreiben, sind nur auf den ersten Blick der Beleg dafür, dass es auch anders geht. Man darf, wenn es sich nicht gerade um Jahrhundertgenies handelt, recht sicher sein, dass diese Leichtigkeit entsteht, weil die Betreffenden schreiben, bevor sie denken oder anstatt zu denken. Informationen planlos aufzunehmen und ebenso planlos wieder von sich zu geben, ist vergleichsweise einfach, hat aber mit wissenschaftlichem Arbeiten noch nicht viel zu tun. Dazu gehören vielmehr Selektion, Strukturierung und tiefergehendes Verständnis der Informationen und eine entsprechende Aufbereitung. Und diese Verarbeitung ist zeitaufwendig und mitunter sehr mühevoll. Aus diesem Grund hat Goethe sich einmal für einen langen Brief entschuldigt – für einen kurzen habe ihm die Zeit gefehlt.

Wie in anderen Kontexten, in denen unangenehme und bedrohliche Erfahrungen zu erwarten sind, gibt es auch beim wissenschaftlichen Arbeiten zahlreiche und mitunter ausgesprochen phantasievolle Formen der Flucht und der Vermeidung zu besichtigen.

! Wichtig daran: Das Vermeidungsverhalten ist erstens nicht unbedingt als solches zu erkennen und zweitens nicht einfach durch gute Vorsätze zu beseitigen. Deshalb soll darauf etwas genauer eingegangen werden. Drei Varianten der Vermeidung sind zu unterscheiden:

1. Anstatt zu arbeiten, tut man etwas, das eindeutig nichts mit dem erwünschten wissenschaftlichen Arbeiten zu tun hat: Man spielt mit Freunden Karten, sieht fern usw.

2. Anstatt zu arbeiten, tut man etwas, das die Voraussetzungen für das Arbeiten schafft (mit ausreichender Phantasie kann man dazu natürlich alles rechnen, was unter 1. denkbar ist). Man räumt z.B. den Schreibtisch auf, kauft Papier, arbeitet sich in ein Computerprogramm ein.

3. Anstatt die Aufgaben zu erledigen, die man erledigen müsste, erledigt man andere, die zwar auch zur Arbeit gehören, aber weniger unangenehm sind als die, die man eigentlich erledigen müsste. Man beschafft z.B. Literatur und liest ein Buch nach dem anderen anstatt Dinge zusammenzufassen, zu gliedern o.ä.

In einer Kombination dieser drei Varianten könnte ein Tagesablauf dann z.B. so aussehen, dass man zunächst ausschläft, duscht, ordentlich frühstückt, kleinere Besorgungen macht, seinen Arbeitsplatz vorbereitet, Literatur archiviert usw. Diese Abfolge ließe sich noch ergänzen durch etwas Frühsport, den Tee zur Arbeit usw. Für sich genommen erscheint nichts davon unsinnig. Man schafft die optimalen Voraussetzungen und Rahmenbedingungen, um dann umso besser arbeiten zu können. Das Problem: Schlafen, Duschen und Aufräumen sind noch nicht die wissenschaftliche Arbeit, sondern das, was man tut, anstatt zu arbeiten – und was man mitunter so häufig und so lange tut, dass überhaupt keine Zeit mehr für die eigentliche Arbeit übrig bleibt.

Besonders problematisch sind die Vermeidungsmuster, die nicht nur dafür sorgen, dass die eigentlich notwendige Arbeit unerledigt bleibt, sondern zusätzlich zu einer zunehmenden Selbstblockade führen. Ein typisches Beispiel im Bereich wissenschaftlichen Arbeitens ist die (Literatur-)Recherche: Die kann man beliebig ausdehnen und so die in der Regel schwierigere Arbeit, die Informationen zu verarbeiten und aufzubereiten, vor sich her schieben – und sich und seiner Mitwelt gleichzeitig noch das Gefühl vermitteln, man sei ja bereits mitten in der Arbeit. Leider führt aber gerade diese Variante zu zunehmender Selbstblockade: Die ständig zunehmenden Informationsmengen machen das Strukturieren und Verarbeiten immer schwieriger – und die Versuchung, stattdessen dann lieber noch etwas zu recherchieren, immer stärker. Das Tückische an solchem Vermeidungsverhalten besteht darin, dass es überwiegend für die

Außenwelt und häufig auch für einen selbst nicht als solches erscheint. Entsprechend wird die Notwendigkeit und der Ansatzpunkt einer Änderung nicht gesehen.

! Zur Vermeidung von Mißverständnissen: Niemand arbeitet durchgängig in der sinnvollsten Weise und vollständig diszipliniert. Man erledigt z.B. erst einen (arbeitsrelevanten) Anruf, anstatt gleich die Statistiken zu inspizieren, telefoniert dann vielleicht auch länger als unbedingt notwendig, schreibt dann noch gleich eine E-Mail usw. All das ist alltäglich und in der Regel auch nicht so belastend, dass man sein Selbstmanagement optimieren müsste. Das kann allerdings dann notwendig werden, wenn man häufiger feststellt, dass man kaum die Arbeiten erledigt hat, die man sich vorgenommen hatte, stattdessen aber vieles andere.

■ **Das Premack-Prinzip**

Eine bekannte Strategie, sein Selbstmanagement zu überprüfen und zu verbessern, bietet das so genannte Premack-Prinzip – benannt nach seinem Autor (vgl. Premack 1965). Dies Prinzip besteht bezogen auf den Fall des wissenschaftlichen Arbeitens vereinfacht darin, die Dinge, die wir tun, anstatt in der gewünschten Weise zu arbeiten, davon abhängig zu machen, dass wir zuvor arbeiten.

! Die Tätigkeiten, die wir ausführen anstatt zu arbeiten, müssen nicht für sich genommen angenehm sein (Blumen gießen, spülen o.ä.), sie sind nur im Vergleich mit der Arbeit am Schreibtisch das kleinere Übel – mit dem Ergebnis, dass das erwünschte Arbeitsverhalten insgesamt zu selten auftritt und stattdessen andere Verhaltensweisen häufiger.

Die Korrektur besteht nun nach dem Premack-Prinzip nicht darin, sich einfach zusammenzureißen oder z.B. das Duschen oder Blumengießen aufzugeben. Geändert wird vielmehr die Reihenfolge: Erst Arbeiten, dann Duschen, erst Arbeiten, dann Telefonieren usw. D.h., die Verhaltensweisen, die wahrscheinlicher sind, werden abhängig davon gemacht, dass vorab ein anderes Verhalten gezeigt wird. Ich darf also weiter Kaffee trinken, aber nicht vor oder anstatt der Arbeit, sondern als Belohnung für die Arbeit. Insofern ist das Vorgehen nach

Premack ein sanftes Verfahren, es arbeitet nicht mit Verzicht und Verboten, sondern mit der Regel, dass man sich die angenehmeren Tätigkeiten durch Vorleistungen verdienen muss.

◆ *Selbstbeobachtung*

Um sein Selbstmanagement nach dem Premack-Prinzip zu verbessern, ist es zunächst notwendig, zu erfassen, was man eigentlich den ganzen Tag über tut. Dazu reicht es nicht aus, über seinen Tagesablauf nachzudenken und seine Tätigkeiten aufzuschreiben. Denn Vieles läuft weitgehend automatisiert ab und ist uns nicht bewusst, in anderen Fällen schätzen wir die Häufigkeit, mit der wir etwas tun, vollkommen falsch ein.

Wenn wir also wissen wollen, was wir den Tag über tun, müssen wir kontrolliertere Aufzeichnungen machen. Das Problem dabei: Wenn wir uns selbst beobachten, also Beobachteter und Beobachter identisch sind, verändern wir unser Verhalten. Wir werden also schon durch die Beobachtung etwas ausdauernder arbeiten, seltener zum Kühlschrank laufen, kürzer telefonieren usw. Das lässt sich nicht vermeiden. Das Ergebnis unserer Selbstbeobachtung wird also positiv verzerrt sein. Das ist allerdings hier auch nicht so problematisch wie bei anderen Beobachtungen, bei denen es um die möglichst genaue Erfassung von Häufigkeiten geht. Im vorliegenden Fall geht es ja vor allem darum, herauszufinden, was man tut anstatt zu arbeiten und welche dieser Tätigkeiten als Belohnung für Arbeit eingesetzt werden könnten.

Die Aufzeichnung eines Tagesablaufs ist (s.o.) im Rückblick zu ungenau. Das andere Extrem einer kontinuierlichen Aufzeichnung ist wiederum nicht durchführbar. Ein guter Kompromiss kann so aussehen, dass man im Abstand von 1 oder 2 Stunden jeweils kurz festhält, was man in dieser Zeit getan hat. Damit das auch unterwegs funktioniert, empfiehlt sich hierfür ein kleiner Notizblock. Nach Möglichkeit sollte man die Dauer der einzelnen Tätigkeiten annähernd mitprotokollieren.

Diese Aufzeichnung wird zunächst befremdlich sein und auch störend – weil man manches für zu unwichtig hält „Mit X im Treppenhaus gequatscht. (ca. 10 Min.)" oder so genau dann vielleicht auch nicht wissen möchte (z.B. das 15. Handytelefonat). Wenn man wissen will, wo die Zeit des Tages bleibt, ist eine derartige Aufzeichnung aber nicht zu vermeiden. Da nicht jeder Tag gleich ist,

sollte diese Aufzeichnung an mehreren Tagen durchgeführt werden. Das Ergebnis dieser Aufzeichnungen ist eine Übersicht über die Tätigkeiten, die man mit
hoher Wahrscheinlichkeit ausführt.

◆ *Auswahl geeigneter Verstärker*

Wie oben bereits angesprochen, ist es als nächstes notwendig, geeignete Verstärker auszusuchen. Diese sollten möglichst sein:
- kontrollierbar (nicht von Zufällen oder anderen Personen abhängig)
- mit wissenschaftlichem Arbeiten kompatibel (also z.B. nicht ein Glas Rot-
  wein nach jeweils 10 Seiten Lektüre)
- angenehm (unter den Dingen, die wir mit hoher Wahrscheinlichkeit tun, sind
  auch einige, die wir nur gezwungenermaßen tun und die sich daher als Verstärker nicht eignen)
- gut dosierbar (z.B. in der Dauer und in der Intensität, Beispiel: Zeitung lesen)
- nicht allzu schnell ‚abgenutzt' (wie z.B. Süßigkeiten, ein gutes Essen)
- bezahlbar
- unschädlich (z.B. nicht Arbeiten mit Rauchen belohnen)

Sollten die eigentlich attraktiven Verstärker unglücklicherweise in die Kategorie „nicht dosierbar" und/oder „zu teuer" fallen, hat es wenig Sinn, ersatzweise
mit wenig attraktiven Verstärkern zu arbeiten, weil dann der Anreiz für die Arbeit zu gering ist. In solchen Fällen kann man mit so genannten „Tokens" arbeiten. Das sind Bonuspunkte, die man für die eigentliche Verstärkung ansammeln
kann: 10 Seiten Lektüre ergeben z.B. 1 Bonuspunkt, 5 Bonuspunkte den Krimi
am Abend. Solche Tokens kann man dann durchaus mit weniger attraktiven
Verstärkern verknüpfen, die für sich genommen nicht ausreichend wären, also
etwa: 10 Seiten Lektüre = Tasse Kaffee + Bonuspunkt, weitere 10 Seiten = Blumengießen + Bonuspunkt, weitere 10 Seiten = Post holen und durchsehen + Bonuspunkt usw.

◆ *Erstellen eines Verstärker-Menüs*

Nichts ist ständig und in jeder Dosierung angenehm: Zeitung lesen, Kaffee trinken usw. mögen eine angenehme Unterbrechung und Belohnung der Arbeit
sein, man hat aber nicht immer Interesse an der Zeitung, mag gerade keinen

Kaffee usw. Wenn ein starres Verstärkerprogramm erstellt wird, kann dies leicht zum Bestrafungsprogramm werden: man muss jetzt Zeitung lesen, telefonieren o.ä.

Um das zu vermeiden, sollte grundsätzlich eine Wahlmöglichkeit zwischen verschiedenen Belohnungen nach einer festgesetzten Arbeit bestehen. Also z.B.: alternativ 15 Minuten Telefonate oder E-Mails erledigen, Zeitung lesen oder ... Die alternative Belohnungen sollten dabei allerdings annähernd ähnlich attraktiv sein.

♦ *Aufsetzen eines Vertrages mit sich selbst*

Selbstmanagement-Programme (vgl. z.B. Watson/Tharp 1975) legen besonderen Wert darauf, dass die Bedingungen, unter denen man das Veränderungsprojekt angeht, klar und verbindlich sind. Sich vage vorzunehmen, in der nächsten Woche erst zu arbeiten und dann zu telefonieren, wäre danach z.B. nicht genug. Einfacher und besser kontrollierbar sind klare Abmachungen der Art: 10 Seiten lesen, dann 15 Minuten Zeitung lesen. Das bedeutet allerdings nicht, den gesamten Tagesablauf minutiös zu verplanen: Es geht nur um die Zeit, in der gearbeitet werden sollte.

! Wichtig für die Aufstellung dieses Vertrages, den man mit sich selbst abschließt. Er sollte sein:

- präzise (genaue Anforderungen und genaue Angaben zum Verstärker)
- angemessen (2 Stunden Fernsehen für 2 Seiten Lektüre dürften zu großzügig sein)
- fair (also nicht: für 150 Seiten Lektüre den Müll hinunterbringen dürfen)

♦ *Durchführen des Veränderungsprogramms*

Für die Durchführung ist wichtig, dass die geeigneten Rahmenbedingungen hergestellt, insbesondere Störungen nach Möglichkeit kontrolliert werden. Manche Störeinflüsse lassen sich vorhersehen und abschwächen (z.B. Telefon abschalten), andere (überraschender Besuch) nicht. Zwischen den Extremen, krampfhaft den eigenen Plan unbedingt weiterzuverfolgen oder ihn dann für diesen Tag ganz aufzugeben, muss je nach den konkreten Bedingungen ein akzeptabler Weg gefunden werden, der das eigene Veränderungsprojekt nicht unnötig beeinträchtigt, einen andererseits aber auch nicht aus der menschlichen Gemeinschaft ausschließt.

So wichtig es ist, die festgelegten Regeln auch einzuhalten – „15 Minuten Zeitung lesen" sollten tatsächlich 15 Minuten dauern und nicht 25 – so notwendig ist es, die Regeln gegebenenfalls zu modifizieren. Ein wesentlicher und erwartbarer Grund kann die Veränderung des Verhaltens während des Modifikationsprozesses sein: Das Arbeiten fällt (hoffentlich) zunehmend leichter und die Arbeitseinheiten können etwas länger werden, d.h.: was eine angemessene und faire Verstärkung ist, kann sich im Prozess verändern. Ein weiterer ebenfalls erwartbarer Grund besteht darin, dass die Belohnungskraft eines Verstärkers sich ‚abnutzt' oder Schwankungen unterliegt und der Verstärker ersetzt oder variiert werden muss.

 Abschließend:

Wenn man sein Selbstmanagement mit Hilfe des Premack-Prinzips verbessern will, sollte der Grundgedanke bestimmend bleiben, das erwünschte Verhalten – in diesem Fall das wissenschaftliche Arbeiten – angenehmer zu machen. Dazu gehört, dass man die Anforderungen (s.o.) angemessen dosiert, gegebenenfalls (allerdings reflektiert) anpasst und variiert, den Veränderungsplan diszipliniert, aber nicht blind dogmatisch verfolgt.

7.2 Prüffragen an Texte

 Checkliste zur Beurteilung der wissenschaftlichen Qualität von Quellen

1. Begriffe/Sprache
- Zentrale Begriffe eingeführt?
- Begriffsgebrauch durchgehalten?
- Gebrauch von Fachbegriffen einsehbar?

2. Aufbau/Gliederung
- Klare Gliederung?
- Gliederungsprinzip erkennbar?
- Gliederungsprinzip angemessen?
- Gliederungsprinzip durchgehalten?
- Grafische Gestaltung?

3. Argumentation
- Explizite Verbindungen von Sätzen und Absätzen?
- Verbindungen klar?
- Argumentation folgerichtig?
- Zitate sinnvoll eingesetzt?

4. Empirie
- Untersuchungsaufbau
  - Auswahl/Größe der Stichprobe zweckentsprechend?
  - Untersuchungsphasen abgestimmt?
- Methoden
  - Auswahl/Einsatz zweckentsprechend?
  - Einsatz kompetent?
- Auswertung und Interpretation
  - Auswertung zweckentsprechend?
  - Auswertung kompetent?
  - Interpretation plausibel?

5. Quellenangaben
- Autor einer Aussage eindeutig?
- Quellen genau angegeben?
- Quellenauswahl angemessen?

6. Sonstiges
- Besonderheiten z.B. im Layout (z.B. Bilder, Grafiken): Werden diese Besonderheiten sinnvoll eingesetzt?
- Besonderheiten z.B. in Vorworten/Einleitungen: Wem wird hier wie Dank gesagt? Vor welchen Gemeinden verbeugt man sich, um welche wirbt man?
- Besonderheiten des Drucks: Welcher Verlag, welche Reihe, welche Umschlaggestaltung, Schriftart, Seitenformat usw.?

Indikatoren für die fehlende wissenschaftliche Qualität von Texten

Einzelne ‚Ausrutscher' sollten nicht überbewertet werden. Es geht um das gehäufte Auftreten solcher Indikatoren.

- Appell an Glaubensbereitschaft (das kann man nicht prüfen, sondern einfach nur glauben)
- Verweis auf letzte Sicherheit/Wahrheit (das ist so)
- Verweis auf letzte, nicht mehr kritisierbare Autoritäten (wie x ja bereits gültig festgestellt, bewiesen hat)
- Verweis auf ewige Dauer (das war schon immer so und bleibt auch so)
- Keine Belege (das weiß man einfach)
- Keine klaren Quellenangaben (wie ja schon Aristoteles wusste)
- Kein Begründungen (das versteht sich von selbst)
- Persönliche Beschimpfung Andersdenkender (der unvoreingenommene Betrachter kommt zu folgender Einschätzung)
- Keine begründete und detaillierte Auseinandersetzung mit anderen Positionen (‚der' Herbartianismus kann seit Anfang des Jahrhunderts als endgültig gescheitert gelten).
- Keine klaren Bezüge/Überleitungen zwischen Sätzen
- Allgemeine Formulierungen, aus denen nicht hervorgeht, wer oder was genau gemeint ist (‚der' Mensch heute, ‚die' Erziehung usw.).
- Widersprüche im Text
- Unzulässige Ausdehnung von Aussagen (Schluss von Einzelerfahrungen auf ‚die' Menschheit o.ä.).
- Versprechen/Ankündigungen, konkrete Probleme des Lesers zu lösen (Der Eltern-Ratgeber. Erfolg im Beruf, Glück in der Beziehung …)
- Werbung (lies mich, kauf mich, das hier ist leicht verständlich, ganz praktisch, vollständig neu, wird Dein Leben ändern …)
- Effekthascherei, verspielte Sprache
- Teure und schicke Aufmachung

7.3 Überleitungsbegriffe

- aber
- ebenso
- aber nicht
- hingegen
- allerdings
- hier ist anzumerken, dass
- andererseits
- im allgemeinen
- anders als
- insbesondere
- auch
- insofern
- aus diesem Grund
- jedoch

- besonders wichtig ist, dass
- ob
- bezeichnenderweise
- sondern
- bisweilen
- speziell
- da
- stattdessen
- dabei ist zu beachten, dass
- trotzdem
- dagegen
- und
- daher
- ungeachtet

- dann
- unter anderem
- darunter
- vorab
- davon
- vor allem
- deswegen
- weil
- deshalb
- weiterhin
- dennoch
- wenn
- doch
- zudem
- eher schon
- zum Teil

7.4 Textbeispiel Zwischenprüfungsarbeit

Der folgende Text ist ein Ausschnitt aus einer Zwischenprüfungssarbeit. Die Kommentare (siehe Kästen) sollen dazu dienen, Kritikpunkte oder auch Lobenswertes nachvollziehbar zu machen.

Didaktische Modelle – Ein Vergleich zwischen der bildungstheoretischen Didaktik Wolfgang Klafkis und der lerntheoretischen Didaktik von Wolfgang Schulz

Inhaltsverzeichnis

> Die Gliederung ist klar und sinnvoll strukturiert und verwendet allgemeinverständliche und gemäßigt fachsprachliche Begriffe.

1. Einleitung

Als eine Disziplin, die sich mit dem Lehren und Lernen beschäftigt, nimmt die Didaktik eine wichtige Rolle innerhalb der Pädagogik ein.

> Hier wird recht elegant erklärt, womit sich Didaktik beschäftigt, nämlich mit dem Lehren und Lernen. Das ist zwar noch recht ungenau, reicht aber vorläufig zur Verständigung aus. Genauere Eingrenzungen und Definitionen gehören nicht in die Einleitung, sondern in den Haupttext.

Neben den mittlerweile zahlreichen Fachdidaktiken, die sich auf bestimmte Fächer[1] konzentrieren, nehmen die allgemeinen Didaktischen Modelle innerhalb der Didaktik eine zentrale Position ein.

> Hier wird wiederum recht knapp eine Differenzierung zwischen Allgemeinen und Fachdidaktiken vorgenommen und durch den Nebensatz erläutert, was das Besondere der Fachdidaktiken ist, dass sie sich nämlich auf bestimmte Fächer konzentrieren. Man hätte vielleicht noch etwas klarer schreiben können:
> *Neben den Fachdidaktiken, die sich auf bestimmte Fächer konzentrieren, entwerfen Allgemeine Didaktiken fachunabhängige, übergreifende Modelle.*
> Hinweis: die Anmerkung im Originaltext, dass es mittlerweile zahlreiche Fachdidaktiken gibt, ist hier überflüssig.

Zu diesen allgemeinen Didaktischen Modellen gehören auch die bildungstheoretische Didaktik von Wolfgang Klafki und die lerntheoretische Didaktik von Wolfgang Schulz. Seit seiner Anfangszeit in den 50er Jahren zählt Klafkis Didaktisches Modell zu den wichtigsten Ansätzen. Diesen Status konnte auch die lerntheoretische Didaktik innerhalb kürzester Zeit nach ihrer Vorstellung (Mitte der 60er Jahre) beanspruchen. Von Beginn an standen beide Modelle in reger Auseinandersetzung miteinander, was unter anderem darauf zurückzuführen ist, dass die lerntheoretische Didaktik in klarer Abgrenzung zur damaligen bildungstheoretischen Didaktik entstand.

> Hier soll gesagt werden, dass man sich mit allgemeindidaktischen Modellen befassen will und zwar mit den beiden genannten. Das hätte man etwas klarer mit folgender Überleitung ausdrücken können:
> *Diese Arbeit befasst sich mit allgemeindidaktischen Modellen und zwar ...*

---

[1] Beispiele wären hier Fachdidaktiken für Mathematik, Physik, Deutsch oder Sport. Diese Didaktiken beschränken sich auf das Lehren und Lernen innerhalb des jeweiligen Fachs, wohingegen sich allgemeine Didaktische Modelle nicht auf ein bestimmtes Fach beschränken.

Die Angaben zur Entwicklung der Konzepte sind für eine Einleitung eigentlich schon zu detailliert. Hier hätte gereicht, darauf hinzuweisen, dass dies wichtige Konzepte sind, die sich über die Jahre in der Auseinandersetzung weiterentwickelt haben. Die zusätzlichen Angaben des Originaltextes sind allerdings nicht weiter störend.

Worin diese klare Abgrenzung der lerntheoretischen Didaktik gegenüber der bildungstheoretischen Didaktik bestand und in wie weit diese Abgrenzung mittlerweile einer Annäherung gewichen ist, soll der Gegenstand dieser Arbeit sein.

Dass es um Unterschiede und Gemeinsamkeiten der Ansätze geht, wird klar und wäre ausreichend gewesen. Der zusätzliche Hinweis darauf, dass es eine Annäherung gegeben hat, ist hier überflüssig, weil er Ergebnisse der späteren Diskussion vorwegnimmt, die hier aber, ohne Kenntnis der Diskussion, noch unverständlich sind.

Bevor eine Betrachtung der Abgrenzung bzw. Annäherung der beiden hier diskutierten Didaktischen Modelle erfolgt, wird zunächst erläutert, was man – oder besser gesagt die Wissenschaft – unter Didaktik versteht (Kapitel 2). Dazu wird zunächst die Begriffsgeschichte des Wortes Didaktik betrachtet, danach der Gegenstandsbereich der Didaktik und schließlich die wissenschaftliche Definition von Didaktik. Im Anschluss daran erfolgt eine Bestimmung darüber, was Didaktische Modelle sind (Kapitel 3). Hierzu werden sie zunächst innerhalb der Didaktik als wissenschaftliche Disziplin eingeordnet, bevor auf ihre Definition und Funktion eingegangen wird. Außerdem erfolgt eine Kategorisierung der Didaktischen Modelle. Nach dieser Darstellung wird zunächst die bildungstheoretische Didaktik von Wolfgang Klafki (Kapitel 4) und im Anschluss daran die lerntheoretische Didaktik von Wolfgang Schulz (Kapitel 5) an Hand ihrer zentralen Merkmale vorgestellt. Schließlich erfolgt der Vergleich (Kapitel 6) der beiden Modelle, der sich auf die Abgrenzung und Annäherung der beiden Modelle konzentriert. Ein Fazit fasst die wichtigsten Ergebnisse des Vergleichs zusammen und schließt diese Arbeit ab.

Hier wird nun nach der Formulierung der Fragestellung der Gang der Untersuchung dargestellt. Das geschieht klar und nachvollziehbar.
Insgesamt enthält die Einleitung
1. Eine vorläufige Begriffsklärung.
2. Eine Eingrenzung des Gegenstandes
   (Fachdidaktik vs. Allgemeine Didaktik, bestimmte Modelle).
3. Die Fragestellung.
4. Und eine Kurzdarstellung des Gangs der Untersuchung.
Damit erfüllt die Einleitung ihren Zweck. Die Anmerkungen oben sind lediglich Hinweise auf kleinere Verbesserungsmöglichkeiten.

2. Didaktik – Was ist das?

Bevor die beiden didaktischen Modelle von Klafki und Schulz näher betrachtet und miteinander verglichen werden, soll zunächst das Fundament erläutert werden, auf dem diese beiden Modelle aufgebaut sind. Dazu ist es notwendig zu klären, was *Didaktik* eigentlich ist, wobei der Fokus auf das wissenschaftliche Verständnis von Didaktik gelegt wird[2]. Der erste Schritt für eine Bestimmung von *Didaktik* ist die Betrachtung der Begriffsgeschichte, die eng mit der Entstehung der Didaktik als wissenschaftliche Disziplin zusammenhängt. Als zweites folgt eine Gegenstandsbestimmung, die es ermöglicht, didaktische Modelle auch als solche auszuweisen. Der abschließende dritte Schritt definiert die Didaktik aus wissenschaftlicher Sicht.

2.1 Begriffsgeschichte der Didaktik

Was jetzt folgt, mag in einschlägigen Büchern üblich sein. Die Frage ist allerdings, ob diese Begriffsgeschichte notwendig ist, um zu verstehen, worum es in dieser Arbeit gehen soll: Vergleich der bildungs- und lerntheoretischen Didaktik. Wenn man ohne die Geschichte auskommt, sind die folgenden Ausführungen Zutat.

Die Wurzeln des Wortes *Didaktik* liegen in der griechischen Antike. *Didáskein* bedeutete damals *unterrichten* oder *lehren* bzw. *belehrt werden* oder *lernen* (vgl. Jank/Meyer 2002, 10). Das Wort *didactica* wird als neulateinisches Wort erst zu Beginn des 17. Jahrhunderts gebildet und erhält auch erst ab dieser Zeit seine spezifische wissenschaftliche Bedeutung[3] (vgl. Martial 2002, 82). Als erstes taucht es in den Schriften Wolfgang Ratkes[4] auf. Wichtigster Vertreter der Didaktik in dieser Zeit ist Johann Amos Comenius, der die Didaktik als eigenständige erziehungswissenschaftliche Theorie prägt.

Vorsicht: Das ist eine Einschätzung, die nicht von der Verfasserin stammt und von ihr mangels Kenntnis auch nicht vorgenommen werden könnte. Hier sollte angegeben werden, wessen Urteil referiert wird.

---

[2] Daneben gibt es auch andere Auffassungen bzw. Verständnisse von Didaktik, beispielsweise von praktisch tätigen Lehrenden (vgl. Korn 2000, 14ff.).

[3] Davor werden unterschiedliche Fachausdrücke für didaktische Schriften verwendet. Beispielsweise werden Begriffe wie *regimen* (Lenkung/Leitung) oder *eruditio* (Unterricht) in der Scholastik verwendet. Die didaktischen Schriften der Humanisten tragen Titel wie z.B. *ratio* (Art und Weise) *studiorum* (Studieren/Studium). Keiner verwendet aber den Begriff *didactica*.

[4] Anlass für das Verwenden eines neuen Begriffs für wissenschaftliche Darlegungen, die sich mit dem Unterricht befassen, ist für Ratke die Reformbewegung des 17. Jahrhunderts, in der es um neue schulische Organisationsformen, geeignete Unterrichtsmethoden, Lehrbücher und um eine Neubestimmung der Ziele und Inhalte des Unterrichts geht.

129

In seinem Werk *Didactica magna* stellt er seine theoretischen und praktischen Vorstellungen von Schule und Unterricht dar, mit denen er die traditionelle Schule reformieren möchte. Der Begriff *didactica* ermöglicht es den frühen Didaktikern, sich und ihre theoretischen Bemühungen als Einheit zu sehen und sich auch als solche nach außen zu präsentieren (vgl. Martial 2002, 94). Damit hat der Begriff selber einen entscheidend zur Etablierung der Didaktik als wissenschaftliche Disziplin beigetragen.

> Erstens kann ein Begriff nicht zur Etablierung einer Disziplin beitragen – höchstens der konsequente Gebrauch unter den Wissenschaftlern. Zweitens wird hier wieder eine Einschätzung eines anderen Autors referiert, ohne dass das kenntlich gemacht wird.

Verwendet man heute den Begriff *Didaktik* im wissenschaftlichen Sinn, so meint man damit – wie weiter unten noch erläutert wird – die Wissenschaft vom Lehren und Lernen. Zu diesem Verständnis des Begriffs haben wichtige Vertreter der Disziplin wie Johann Friedrich Herbart[5], Otto Willmann[6], Erich Weniger, Wolfgang Klafki, Paul Heimann, Wolfgang Schulz[7] und viele andere beigetragen.

> Solche Verweise sind in einem Handbuch sinnvoll, um dem Leser eine vertiefte Lektüre zu ermöglichen. In diesem Fall kennt dann der Autor (hoffentlich) diese Ansätze und verweist deshalb auf sie. Im vorliegenden Fall einer Zwischenprüfungsarbeit ist das anders: Die Verfasserin gibt nur die Verweise anderer wieder, ohne zu wissen, auf was sie da verweist. Damit wird ein (übertriebener) Eindruck von Belesenheit vermittelt, auf den man besser verzichten sollte.

Womit sich diese und andere Didaktiker genau beschäftigen, wird im folgenden Kapitel untersucht.

> Solche Überleitungen sind für das Verständnis hilfreich.

---

[5] Herbarts Werk *Allgemeine Pädagogik, aus dem Zweck der Erziehung abgeleitet* ist eine Didaktik, die sich an den Lernenden orientiert und das Ziel der Entwicklung der Person und deren Selbstbestimmungsfähigkeit verfolgt.
[6] Otto Willmanns Werk *Didaktik als Bildungslehre* ist eine historisch-systematische Analyse, die Bildungszwecke, Bildungsinhalte und Grundlagen der Bildungsarbeit thematisiert.
[7] Weniger, Klafki, Heiman, Schulz u.a. Vertreter des Fachs haben seit Mitte der 20. Jahrhunderts unterschiedliche didaktische Theoriegebäude entwickelt und die Disziplin in unterschiedlicher Weise nachhaltig geprägt.

2.2 Gegenstand der Didaktik

Eine Voraussetzung für die Bildung von didaktischen Modellen bzw. Theorien[8] ist ein abgegrenzter Gegenstandsbereich, mit dem sich diese befassen. Im Folgenden soll der Gegenstandsbereich der Didaktik näher erläutert und abgegrenzt werden. Dies ist unter anderem nötig, um darzustellen, womit sich didaktische Modelle befassen.

Nach Martial (2002, 9) ist der Gegenstand der Didaktik „alle Vorgänge des absichtsvoll herbeigeführten Lehrens und Lernens, die langfristig und im Rahmen eines Plans angelegt sind."

> Hier hat die Verfasserin ein Problem damit, das Zitat in den eigenen Satz zu integrieren: „Gegenstand" (Singular) und „Vorgänge" im Zitat (Plural). Sie müsste entweder ihren Rahmensatz ändern oder das Zitat als ganzen Satz angeben.

Bei dieser Eingrenzung liegt die ausdrückliche Betonung auf dem *absichtsvollen* Lehren und Lernen, das *langfristig angelegt* ist und *planvoll* durchgeführt wird.[9] Damit sind Lehr- und Lernvorgänge, die beispielsweise im Alltag nebenbei passieren, nicht mit eingeschlossen.

> Das ist gut – und nicht selbstverständlich: Die Verfasserin zeigt, welche Konsequenzen es hat, wenn man mit dieser Definition arbeitet. Ebenfalls gut – und ebenfalls nicht selbstverständlich: die folgende Eingrenzung des Gegenstandsbereichs der Didaktik wird nicht nur einfach angehängt, vielmehr zur ersten in Beziehung gesetzt (detailliertere Darstellung).

Jank/Meyer (2002, 17ff.) grenzen den Gegenstandsbereich der Didaktik mit Hilfe von neun Fragestellungen ein und liefern damit eine detailliertere Darstellung:

1. Wer soll lernen?
   Diese Frage wird als „anthropologische Begründung der Didaktik" (Jank/Meyer 2002, 17) bezeichnet und wird damit beantwortet, dass sowohl Menschen als auch die Gesellschaft lernen müssen, um zu überleben.

2. Was soll gelernt werden?
   Diese Frage bezieht sich auf die Lehr- und Lerninhalte und wird in drei weitere Fragen unterteilt:

---

[8] Zur Unterscheidung zwischen Modellen und Theorien in der Didaktik siehe Martial 2000, S. 117ff.

[9] Der Gegenstandsbereich der Didaktik lässt sich damit eng mit dem schulischen Unterricht verbinden, ist auf diesen aber nicht beschränkt. Ebenso gehören beispielsweise Einrichtungen wie Kindergärten oder Erwachsenenbildungsstätten in den Gegenstandsbereich der Didaktik (vgl. Martial 2000, 9).

- Woher kommen die Inhalte?
- Nach welchen Kriterien wird ausgewählt?
- Wer trifft die Entscheidungen?

3. Von wem soll gelernt werden?
   In diesem Fall geht es um die Lehrperson, die in der heutigen Zeit sowohl von professionellen Lehrer/innen als auch von Lehrkräften in Wirtschaft, Kirchen, Gewerkschaften etc verkörpert wird.

4. Wann soll gelernt werden?
   Hier geht es darum, wie die zeitliche Gliederung der Lernvorgänge bzw. die zeitliche Verteilung der Themen des Unterrichts aussehen soll.

5. Mit wem soll gelernt werden?
   Diese Frage beschäftigt sich mit der Problematik, ob es effektiver für die Lernenden ist in leistungsheterogenen oder -homogenen Gruppen zu lernen.

6. Wo soll gelernt werden?
   Diese Frage bezieht sich auf den Lernort. Es wird beispielsweise gefragt, ob es besser ist, den Unterricht in einem Fachraum abzuhalten oder nicht.

7. Wie soll gelernt werden?
   Diese Frage bezieht sich auf die Lehr-/Lern- oder Unterrichtsmethoden.

8. Womit soll gelernt werden?
   Hier wird nach dem geeigneten Lernmedium gefragt.

9. Wozu soll gelernt werden?
   Diese Frage soll einen Begründungskontext anbieten, für beispielsweise Verfahrensvorschläge, die für einen Unterricht gegeben werden.

Dies hier ist eine Möglichkeit, über das reine Referat hinauszugehen: Wiedergabe der wesentlichen Gedanken eines Autors mit eigenen Worten.

Wichtig ist, dass jede dieser Fragen immer in Abstimmung zu den übrigen Fragen beantwortet wird.

Mit Hilfe des dargestellten Gegenstandsbereichs lässt sich nun klären, wie Didaktik im wissenschaftlichen Sinn definiert wird.

7.5 Definitionsbeispiele

 Definitionen zur „Gruppe"

Gruppe 1

„Der Begriff ‚Gruppe' ist in unserem Sprachgebrauch völlig unpräzise und umfaßt vieles wie etwa etwa die festgefügte Freundschaftsgruppe (Clique), den lockeren Organisationsverband einer Handball-Jugendgruppe, die kurzfristige Arbeitsgruppe einer Schulklasse oder die T-Gruppe, die für ein zehntägiges Sensitivity-Training zusammengekommen ist (...). Gruppe im Sinne der Gruppendynamik ist hingegen nicht eine bloße Ansammlung und Organisation von Individuen. Sie zeigt vielmehr bestimmte Merkmale (Gruppeneigenschaften), durchläuft eine eigene Entwicklung (Gruppengeschichte) und enthält gleichwohl ein ständiges Potential an Konflikten und das Risiko ihrer vorzeitigen Auflösung. (...)"

Quelle: Prior, H.: Gruppendynamik – Gruppenpädagogik in: Pädagogische Grundbegriffe Bd.1, hrsg. v. D. Lenzen, Reinbek bei Hamburg 1989, S. 691

Gruppe 2

„Eine Gruppe wird von einer kleinen, mehr als zwei Personen umfassenden Mitgliederzahl gebildet und durch deren gemeinsame Interessen, häufige Kontakte, wechselseitige Kooperationsbereitschaft, ihr Zusammengehörigkeitsgefühl, die Anerkennung verbindlicher Gruppennormen und Symbole charakterisiert."

Quelle: Böhm, W.: Wörterbuch der Pädagogik. 15. überarb. Aufl. Stuttgart 2000, S. 222

Gruppe 3

„Bezeichnung für eine (a) integrierte soziale Struktur, (b) deren Umfang (Anzahl der Gruppenmitglieder) variabel, jedoch im Einzelfall bestimmbar ist und (c) innerhalb deren feststellbare oder quantifizierbare, auf die Gruppe selbst Einfluß nehmende und durch die Gruppe selbst beeinflußte Beziehungen bestehen, die sich unter den Aspekten der Kommunikation, des Normativen oder des Funktionalen betrachten lassen. Eine Gruppe lässt sich demnach bestimmen als eine Anzahl von Mitmenschen, unter denen ein zu spezifizierender Zusammenhang besteht, der zur Integration führt und der nach Qualität und Intensität (Quantität) beschrieben werden kann."

Quelle: Drever, J./Fröhlich, W. D.: Wörterbuch zur Psychologie. 3. völlig neu bearb. Aufl. München 1970, S. 121f.

Gruppe 4

„**Gruppe** (engl. social group) zwei oder mehr Personen, die auf Grund gemeinsamer Interessen, Aufgaben oder anderer Voraussetzungen regelmäßig miteinander kommunizieren, dabei gemeinsame Werte und Normen und eine bestimmte Rollenverteilung beachten."

Quelle: Schaub, H./Zenke, K. (Hrsg): Wörterbuch der Pädagogik, 6. Aufl. München 2004, S. 245

7.6 Mängel bei Quellenangaben

Zu den typischen und häufigeren Fehlern gehören diese:

Unvollständige Angaben
- Keine Kennzeichnung von Bezügen im Text: Das Literaturverzeichnis enthält zwar die benutzte Literatur, im Text selbst fehlen aber Hinweise, an welchen Stellen auf welche Quelle Bezug genommen wird.
- Keine klare sprachliche Kennzeichnung eigener und fremder Gedanken: Es ist nicht erkennbar, wann im Text eine Quelle paraphrasiert und wann die eigene Sicht dargestellt wird.
- Fehlende Kennzeichnung, dass ein Autor nicht aus dem Original, sondern nach einer anderen Quelle zitiert wird.
- Fehlende Angaben zu Erscheinungsjahren, Seitenzahlen usw.

Uneinheitliche Angaben
- Inhalte: z.B. wird der Verlag manchmal angegeben, manchmal nicht
- Schreibweise: z.B. werden Vornamen manchmal ausgeschrieben, manchmal abgekürzt, Herausgeber erscheinen einmal als Hg., dann als Hrsg. usw.
- Reihenfolge: z.B. steht die Jahreszahl einmal vorn, dann hinten
- Trennzeichen: z.B. wird manchmal hinter dem Titel ein Punkt gesetzt, dann ein Komma, dann überhaupt kein Zeichen
- Formatierung: z.B. ist manchmal der Titel kursiv formatiert, manchmal normal.

8. Übungen

8.1 Begriffe klären

Definitionen vergleichen

Aufgabe:
Betrachten Sie die folgenden Definitionen daraufhin, welche Merkmale jeweils als charakteristisch für Wissenschaft angegeben werden.

Comptons „Infopedia":

„das auf den Zusammenhang der Dinge gerichtete, die dinghaften od. geistigen u. kulturellen Erscheinungen methodisch erforschende, d.h. ordnende, erklärende, begründende u. wertende Erkenntnisverfahren"

Bertelsmann Universallexikon:

„Wissenschaft, ursprünglich das systematische Ganze der Erkenntnis (die Philosophie des Altertums und des Mittelalters). Mit der Ausbildung der neuzeitlichen Naturwissenschaften begann die Auflösung des universalen Wissenschaftsbegriffs zugunsten stärkerer Betonung der Einzelwissenschaften. Zugleich wurde die mathematisch-naturwissenschaftliche Methode Vorbild aller Wissenschaftlichkeit, der gegenüber erst im ausgehenden 19. Jahrhundert die Geisteswissenschaften ihre andersartige Methodik geltend machten. Wissenschaftlichkeit heißt: Methodik, Vorurteilsfreiheit, Wertfreiheit, Verifizierbarkeit, Möglichkeit der Kritik sowie Intersubjektivität."

Meyers Universallexikon:

„Inbegriff dessen, was überlieferter Bestand des Wissens einer Zeit ist, v. a. der Prozeß methodisch betriebener Forschung und der Lehre als Darstellung der Ergebnisse und Methoden der Forschung. Die W. beginnt mit dem Sammeln, Ordnen und Beschreiben ihres Materials; weitere Schritte sind die Bildung von Hypothesen und Theorien. Die W. ist dem Ziel nach entweder theoret. bzw. reine W. oder angewandte bzw. prakt. W.; ihrem Inhalt nach werden die Natur-W. von den Geistes-W. Unterschieden."

Lösung „Wissenschaftsbegriff" in Kapitel 9.1

Definitionen analysieren

Aufgabe:
Analysieren Sie die folgenden Definitionen in diesen Arbeitsschritten:

1. Identifizieren Sie den Oberbegriff innerhalb der Definition
2. Identifizieren Sie die charakterisierenden Merkmale des zu definierenden Begriffs
3. Benennen Sie mögliche nebengeordnete Begriffe (auch wenn sie nicht explizit im Text genannt werden), die zwar unter den Oberbegriff fallen, aber sich in einem oder mehreren der Merkmale vom zu definierenden Begriff unterscheiden.

 Lösungen „Familie 1" bis „Familie 5" in Kapitel 9.1

Familie 1

„In einer sehr allgemeinen Bestimmung meint „Familie" eine soziale Struktur, in der sich die aufeinander bezogenen und zusammenwirkenden Personen nach Geschlechts- und Generationszugehörigkeit unterscheiden und ihr Leben über längere Zeit hinweg in einem gemeinsamen Haushalt organisieren. (…)

Angesichts der terminologischen Schwierigkeiten und der wissenschaftsspezifischen Interessensrichtungen sehen z.B. soziologische Analysen den kleinsten gemeinsamen Nenner im Tatbestand spezifischer, gesellschaftlich anerkannter und institutionalisierter Sozialformen, denen die Ausgestaltung der Beziehungen zwischen den Generationen obliegt (Lüscher/Schultheis/Wehrspaun 1988, 19), während die Sozialpsychologie eher intergenerative „intime Beziehungssysteme" im Auge hat, „die den Kriterien der raum-zeitlichen Abgrenzung, der Privatheit, der Dauerhaftigkeit und der Nähe genügen" (Hofer/Klein-Allermann/Noack 1992, 4; Schneewind 1991, 16f.)."

Quelle: Hierdeis, H.: Familie, in: CD-ROM der Pädagogik, Ausgabe 1996, Copyright © 1996 Schneider Verlag, Hohengehren, Deutschland

Familie 2

„Familie ist die überall verbreitete staatlich legalisierte und gesellschaftlich geschützte (…) normale Form des geregelten Zusammenlebens der Generationen und Geschlechter. (…)

Sie steht als die bedeutendste soziale Primärgruppe mit hoher Emotionalität und Intimität der Beziehungen an der Nahtstelle zwischen Individuum und Gesellschaft."

Quelle: Böhm, W.: Wörterbuch der Pädagogik. 15. überarb. Aufl. Stuttgart 2000, S. 168.

Familie 3

„**Familie (Soziologie)**, in der Soziologie und im Alltag Bezeichnung für eine soziale Gruppierung, deren Verbindung auf Verwandtschaft oder Heirat beruht. Die Familie ist in allen Gesellschaften die bedeutendste soziale Lebensform. Familien werden durch einen dauerhaften inneren Zusammenhang, der auf Solidarität und persönlichen Bindungen der einzelnen Mitglieder untereinander beruht, gekennzeichnet. (…)"

Quelle: Microsoft® Encarta® Enzyklopädie 2001. © 1993-2000

Familie 4

„Von einer „Familie" soll dann und nur dann die Rede sein, wenn ,wenigstens zwei gegengeschlechtliche, psychosozial erwachsene Menschen eine weitere Generation produzieren und mindestens so erziehen, dass diese nächste Generation (…) psychosozial erwachsen werden kann.' (Claessen/Menne 1973, S. 314)"

Quelle: nach Mollenhauer, K.: Familie – Familienerziehung, in: Pädagogische Grundbegriffe Bd.1, hrsg. v. D. Lenzen, Reinbek bei Hamburg 1989, S. 605

Familie 5

„Im alltäglichen Sprachgebrauch, aber auch in der erziehungs- und sozialwissenschaftlichen Fachsprache sowie in Recht und Verwaltung versteht man heute unter ,Familie' ein mit seinen unselbstständigen (leiblichen oder angenommenen) Kindern zusammenlebendes Elternpaar. (…)

Wichtiges Merkmal ist das auf Dauer eingestellte Zusammenleben. Nach dessen Beendigung (…) bleiben Eltern und Kinder weiterhin im Familienverband der Verwandtschaft, der in der Alltagssprache ebenfalls zumeist Familie genannt wird. Sie bilden aber keine Einzelfamilie mehr im engeren Sinne einer Hausgemeinschaft."

Quelle: Herrmann, U.: Familie und Elternhaus, in: Erziehungswissenschaft. Ein Grundkurs, hrsg. v. D. Lenzen, 4. Aufl. Reinbek bei Hamburg 2000, S. 186

Definitionen anwenden

Aufgabe:

Beurteilen Sie für folgende Beispiele, ob es sich dabei im Sinne der o.g. Definitionen um eine Familie handelt, oder nicht:

- Donald Duck und seine Neffen
- Bewohner des Big-Brother-Containers
- Gerhard Schröder, Doris Schröder-Köpf, deren Tochter Klara und Adoptivtochter Viktoria

 Lösungen „Definitionen anwenden" in Kapitel 9.1"

Beispiel 1

„Von einer „Familie" soll dann und nur dann die Rede sein, wenn ‚wenigstens zwei gegengeschlechtliche, psychosozial erwachsene Menschen eine weitere Generation produzieren und mindestens so erziehen, dass diese nächste Generation (…) psychosozial erwachsen werden kann.' (Claessen/Menne 1973, S. 314)"

Beispiel 2

„Im alltäglichen Sprachgebrauch, aber auch in der erziehungs- und sozialwissenschaftlichen Fachsprache sowie in Recht und Verwaltung versteht man heute unter ‚Familie' ein mit seinen unselbstständigen (leiblichen oder angenommenen) Kindern zusammenlebendes Elternpaar. (…)

Wichtiges Merkmal ist das auf Dauer eingestellte Zusammenleben. Nach dessen Beendigung (…) bleiben Eltern und Kinder weiterhin im Familienverband der Verwandtschaft, der in der Alltagssprache ebenfalls zumeist Familie genannt wird. Sie bilden aber keine Einzelfamilie mehr im engeren Sinne einer Hausgemeinschaft."

Beispiel 3

„Familie ist die überall verbreitete staatlich legalisierte und gesellschaftlich geschützte (…) normale Form des geregelten Zusammenlebens der Generationen und Geschlechter. (…)

Sie steht als die bedeutendste soziale Primärgruppe mit hoher Emotionalität und Intimität der Beziehungen an der Nahtstelle zwischen Individuum und Gesellschaft."

Definitionen schreiben

Aufgabe:
Schreiben Sie eine Definition zu den folgenden Begriffen. Gehen Sie dazu in diesen Arbeitsschritten vor:

1. Benennen Sie im Definitionsdreieck den Oberbegriff und einen nebengeordneten Begriff.
2. Benennen Sie Unterscheidungsmerkmale zwischen zu definierendem und nebengeordnetem Begriff.
3. Formulieren Sie die Definition in Form eines Satzes.

Am Beispiel: Zu definieren ist der Begriff „Aufsicht".

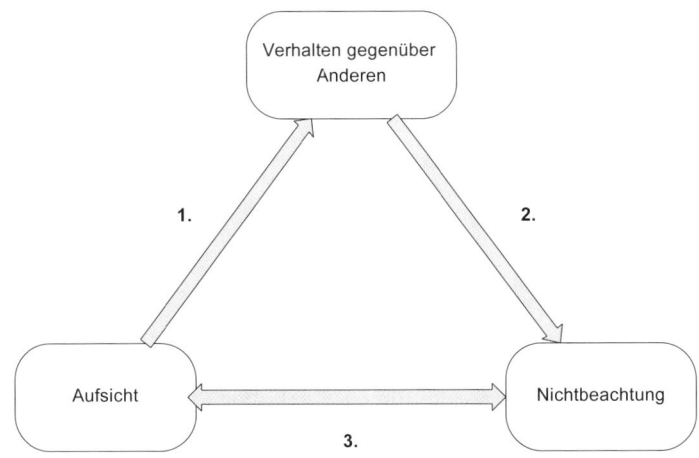

Als Satz: Aufsicht ist ein Verhalten gegenüber Anderen, das anders als z.B. Nichtbeachtung durch (z.B.) Kontrolle/Überwachung gekennzeichnet ist.

Üben Sie an folgenden Begriffen:

1. „Kreide"
2. „Angst"
3. „Leistung"
4. „Hermeneutik"
5. „Kind"
6. „Teamfähigkeit"

 Lösungen „Definitionen schreiben" in Kapitel 9.1

 Definitionen u. Beispiele schreiben

Aufgabe:
Formulieren Sie zu den folgenden Begriffen Definitionen und zusätzlich Beispiele:
1. Strafe
2. Maria Montessori
3. Vernunft
4. Glück

 Lösungen „Definitionen und Beispiele schreiben" in Kapitel 9.1

 Definitionen Pädagogik/Erziehungswissenschaft anwenden

Aufgabe:
Überlegen Sie bitte, nach welcher Definition es sich bei den folgenden Beispielen um pädagogische bzw. erziehungswissenschaftliche Tätigkeiten handelt:
1. Empirische Untersuchung zur Praktikumserfahrung von Studierenden.
2. Ermahnung einer Mutter an ihr Kind.
3. Lehrtraining für Lehramtsanwärter.
4. Schreiben einer Magisterarbeit über Rousseau.

 Lösungen 1-4 „Pädagogik vs. Erziehungswissenschaft" in Kapitel 9.1

8.2 Begriffs-/Satzarten unterscheiden

Satzarten und Geltungsbereiche unterscheiden

Aufgabe:
Geben Sie jeweils Satzart (deskriptiv, analytisch, normativ) und Geltungsbereich (singular, partikular, generell) an:

1. Zur Mitarbeiterbesprechung gehört Kaffee. *normativ, generell*
2. Lars kocht den Kaffee, der zur Mitarbeiterbesprechung gehört. *deskriptiv gemacht*
3. Es kommt vor, dass Studenten mehr als ihre Dozenten wissen. *analytisch, partikular*
4. Peter hat heute noch nichts gesagt. *deskriptiv, generell*
5. Die Sonne geht unter. *deskriptiv, singular*
6. Französische Autos kann man niemandem empfehlen. *normativ, generell*
7. Die Mädchen der Klasse 7b haben in der Deutschklausur besser abgeschnitten als die Jungen. *analytisch, singular*
8. Manche Leute ekeln sich vor nichts. *deskriptiv, partikular*
9. Die Studentengeneration der achtziger Jahre soll wesentlich fleißiger als die der siebziger Jahre sein. *normativ?, singular*
10. Es lässt sich heute kaum vermeiden, sich Gedanken über die Friedenssicherung zu machen. *Normativ, generell*

Lösung „Satzarten/Geltungsbereiche unterscheiden" in Kapitel 9.2

Normative Aussagen erkennen

Aufgabe:
Lesen Sie sich den folgenden Artikel durch und markieren Sie Aussagen, die normativ sind.

141

Neues Lernen ohne neue Medien? – Es führt kein Weg am Notebook vorbei

Von Wolf-Rüdiger Wagner

Auf eine besondere Spielart der „pedagogical correctness" trifft man in der Diskussion über Schule und Computer. Bevor man sich zum Nutzen der neuen Technologien äußert, warnt man vor der „Technikfalle" (Moser 2001). Die gängige Formel für diese Warnung lautet: Neue Medien führen nicht automatisch zu einer neuen Lernkultur. Diese an sich richtige Feststellung wird durch ihre Einseitigkeit falsch. Konzepte haben nur dann eine Chance, im Unterrichtsalltag realisiert zu werden, wenn die dazu passenden Medien zur Verfügung stehen. Die zum Einsatz kommenden Medien legen die Möglichkeiten des Zugriffs auf Informationen und die Bearbeitungsmöglichkeiten fest und bestimmen damit ganz wesentlich das Schüler-Lehrer-Verhältnis und die Qualität des Unterrichtsgeschehens. Werden Beispiele für die gelungene Verbindung von neuen Medien und neuem Lernen vorgestellt, wird jedoch die Rolle der Medien entsprechend der pädagogisch korrekten Fokussierung auf das Primat der Didaktik mit dem Hinweis relativiert, dass vergleichbare Lernarrangements auch ohne die neuen Medien bereits realisiert wurden und werden.

Übersehen wird hierbei, dass mediale Innovationen im schulischen Bereich oft unauffälliger sind, als es medientheoretische Diskussionen vermuten lassen. Für Schule spielt an den neuen Medien nicht nur das absolut Neue eine Rolle. Wichtiger für den Unterrichtsalltags kann die Frage sein, was durch neue Medien technisch, organisatorisch und finanziell leichter zu realisieren ist, selbst wenn diese Möglichkeiten medientechnisch prinzipiell schon vorher gegeben waren. Wenn Erziehungswissenschaftler sich zu der Äußerung versteigen, bisher könnten sie keinen Vorteil des Internets gegenüber einem Stapel alter Zeitung erkennen (Fromm 2001, S. 177), spricht dies nur für ihre Praxisferne. Für die Veränderung von Lernkultur sind unterrichtsorganisatorische Gesichtspunkte, Fragen der Materialbeschaffung, Vorbereitung und Durchführung des Unterrichts durchaus nicht trivial. Bezogen auf den „Stapel alter Zeitungen" lassen sich schon an einem Thema wie „Nachrichtenvergleich" die unterrichtspraktischen Vorteile von Computer und Internet aufzeigen. Über Suchmaschinen hat man den Zugriff auf eine Vielzahl deutschsprachiger Tageszeitungen. Was für das Thema „Nachrichtenvergleich" skizziert wurde, trifft – wie sich z. B. am didaktischen Modell „Webquest" (s.a. Staiger 2001) zeigen ließe – ebenso auf die Materialbeschaffung, Vorbereitung und Durchführung anderer Formen arbeitsteiliger Gruppenarbeit zu, dass man mit digital vorliegenden Texten anders arbeiten, sie verändern, kürzen, umschreiben, kommunizieren und präsentieren kann, liegt auf der Hand.

Nach einer internationalen Studie treten qualitative Veränderungen von Unterricht erst ein, wenn sich höchstens vier bis sechs Schüler einen Computer teilen müssen. Die IT-Ausstattung an allgemeinbildenden Schulen dient nicht der berufsvorbereitenden Einführung in den Umgang mit Anwendersoftware, sondern der Veränderung der Lernkultur. Im Zentrum dieser veränderten Lernkultur stehen problemorientiertes, selbsttätiges, kooperatives Lernen und die Vermittlung von Medienkompetenz. Lernarrangements, die diesen Anforderungen entsprechen, sind – zumindest im Schulalltag – nur über die Nutzung von Multimedia und Internet möglich. Pädagogen, die nur über Konzepte diskutieren, spielen Politikern, die sich dem Thema Notebook und Elternbeteiligung aus nahe liegenden Gründen nicht nähern wollen, in die Hand.

Wer für sich in Anspruch nimmt, nicht an der Technik, sondern am pädagogischen Mehrwert der Technik interessiert zu sein, darf sich nicht auf die Diskussion von Konzepten beschränken, sondern muss gleichzeitig Aussagen über den zu ihrer Realisierung notwendigen Grad der Ausstattung treffen. Systematisches Lernen mit neuen Medien ist nicht über Computerarbeitsräume oder Medienecken zu erreichen. Das Arbeits- und Lernwerkzeug „Computer" muss Schülerinnen und Schülern individuell jederzeit zur Verfügung stehen. Die technische Lösung hierfür, heißt – heute – Notebook. Dieses Ausstattungsmodell ist jedoch nicht ohne die finanzielle Beteiligung der Eltern zu realisieren.

Das Thema „Notebooks im Schulranzen" wird spätestens dann auf der politischen Tagesordnung erscheinen, wenn man der Frage nach der Neu- bzw. Ersatzanschaffung von Computern nicht mehr ausweichen kann. Der Ausstattungsstandard der führenden PISA-Länder ist über die bisherigen Ausstattungs- und Finanzierungsmodelle weder mittelfristig realisierbar noch längerfristig aufrechtzuerhalten. Erst die private Anschaffung von Notebooks ab individuell verfügbaren Arbeits- und Lernwerkzeugen ermöglicht es Schulträgern, sich auf die Finanzierung der technisch und pädagogisch erforderlichen schulischen Infrastruktur zu konzentrieren.

Mit dem Schritt zum Notebook im Schulranzen würden Fakten geschaffen. Pädagogische Innovationen können auch durch technische Investitionen beschleunigt werden: Um den Computerarbeitsraum kann man einen großen Bogen machen, am „Notebook im Schulranzen" kommt niemand vorbei. „Notebooks im Schulranzen" führen nicht nur zwangsläufig zu einer Diskussion und Abstimmung über pädagogische Konzepte, sondern erzwingen ebenso unterrichts- und schulorganisatorische Veränderungen.

Literatur:

- Fromm, Martin: Bildung im Zeitalter der neuen Medien. In: Pädagogische Rundschau 55 (2001), Heft 55, S. 177. (Hierbei handelt es sich um den Text einer Antrittsvorlesung (!)).

- Moser, Heinz: Wege aus der Technikfalle. Computer und Internet in der Schule. Verlag Pestalozzianum, Zürich 2001.

- Staiger, Stefan: „Webquests". Eine neue didaktische Methode zum Interneteinsatz: Unterrichtsprojekte am technischen Gymnasium und in der Berufsschule. In: Computer und Unterricht 11 (2001), Heft 44, S. 52-56. (...)

Quelle: COMPUTER+UNTERRICHT 50/2003, S.14

 Lösung „Normative Aussagen erkennen" in Kapitel 9.2

Ableitung 1

Aufgabe:

Entnehmen Sie dem folgenden Zitat von Rousseau die Basisnorm und die Unternorm.

„Nach meiner Meinung ist der am besten erzogen, der die Freuden und Leiden dieses Lebens am besten zu ertragen vermag. Daraus folgt, dass die wahre Erziehung weniger vorschreibt als praktisch übt." (Rousseau 1972, S. 15)

Beispiel: Jean-Jacques Rousseau

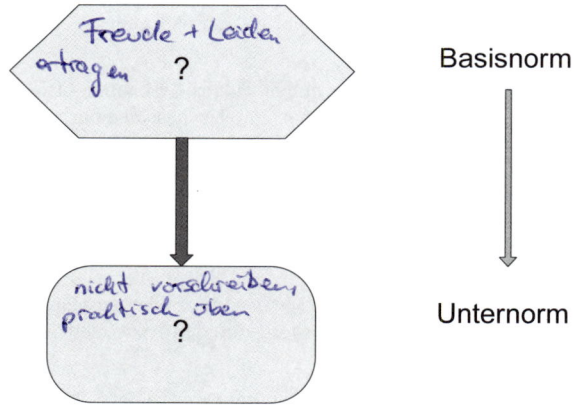

 Lösung „Ableitung 1" in Kapitel 9.2

Ableitung 2

Aufgabe:

Denken Sie sich zu dieser Ableitung drei mögliche Handlungsanweisungen aus.

Beispiel: Jean-Jacques Rousseau

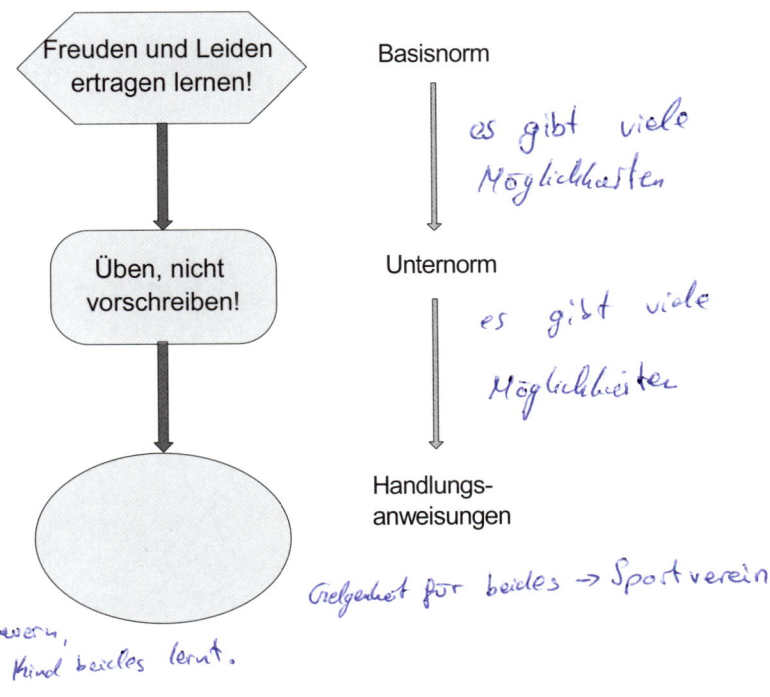

es gibt viele Möglichkeiten

es gibt viele Möglichkeiten

Gelegenheit für beides → Sportverein

Erfolg steuern, so dass Kind beides lernt.

Lösung „Ableitung 2" in Kapitel 9.2

145

Wenn ich die Ableitung nachvollziehen kann, ist es zulässig

Ableitung 3

Die pietistische Pädagogik August Hermann Franckes (1663-1727) ging unter anderem von der Forderung nach einer Rückgewinnung der Herzensfrömmigkeit aus, eines Glaubens, der sich auf das Gewissen stützt. Daraus wurde unter anderem die Besinnung des Menschen auf sich selbst zum Zweck der Gewissenserforschung abgeleitet (vgl. Meyer [2]1974, S. 33f, vgl. a. Blankertz 1969, S. 21ff).

Aufgabe:
Denken Sie sich zu dieser Ableitung drei mögliche Handlungsanweisungen aus.

Beispiel: August Hermann Francke

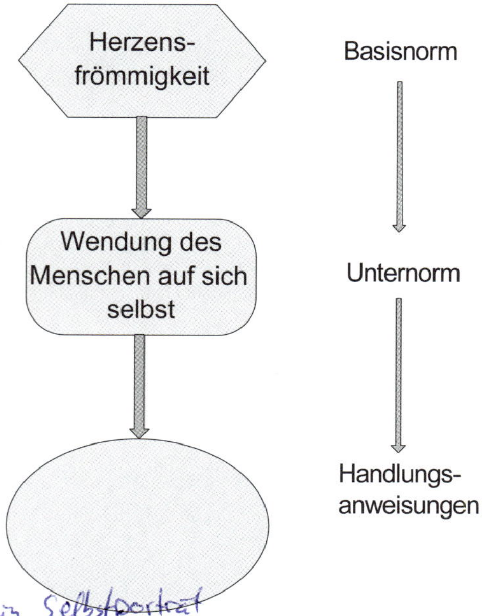

```
┌─────────────┐
│  Herzens-   │        Basisnorm        Ein besserer Mensch/Schrift-
│ frömmigkeit │           │             werden.         /steller
└─────────────┘           │                                   /werd
       │                  ▼
┌─────────────┐
│ Wendung des │
│Menschen auf │        Unternorm        Finde deine/ Schreibstil
│   sich      │           │             Fehler.   / verbessern
│   selbst    │           │
└─────────────┘           ▼
       │
   (   )                Handlungs-
                        anweisungen              Tagebuch
                                                 schreiben
```

male ein Selbstportrait
Gedanken + Gefühl aufschreiben
Isolation

💡 Lösung „Ableitung 3" in Kapitel 9.2

Es gibt immer viele, verschiedene

Möglichkeiten!!!

8.3 Texte strukturieren

 ### Bezüge analysieren

Der folgende Text stammt aus einer (Seminar-)Hausarbeit zum Thema „Pädagogische Relevanz der Pause in der Schule".

Aufgabe:
Suchen Sie im folgenden Text Brüche in der Struktur, z.B. fehlende Bezüge zwischen zwei Sätzen.

> „Mens sana in corpore sano" frei übersetzt: „Ein gesunder Geist wohnt in einem gesunden Körper". Diese römische Lebensweisheit lässt auf eine Existenz von Lern- und Arbeitspausen schließen. In Bezug auf Lernpausen, die bei dem hohen Bildungsstand der bessergestellten römischen Bevölkerung im Lernprozeß notwendig waren, ist ein noch früheres Auftreten der Pause, zum Beispiel im Zeitalter der ebenfalls weit entwickelten Griechen wahrscheinlich. Die Schulpause entstand aus den Grundbedürfnissen der Menschen. Lehrer wie Schüler müssen – egal welches Zeitalter man betrachtet – irgendwann am Tag etwas essen oder trinken, Aborte aufsuchen und sich physisch oder psychisch erholen. Nur so kann effektiver Unterricht vom Lehrer erteilt werden und von Schülern der zu lernende Stoff richtig aufgenommen werden. Aus diesem Grund hängt die Geschichte der Schulpausen, auf die ich zuerst eingehen möchte, eng mit der geschichtlichen Entwicklung der Schule zusammen.

 Lösung „Bezüge analysieren" in Kapitel 9.3

Argumentation neu ordnen

Aufgabe:

Geben Sie bitte zu den folgenden Sätzen jeweils an, wovon die Rede ist:

?   Von pädagogischen Tatsachen/Dingen, wie sie sind? **IST**

?   Davon, wie sie sein sollen? **SOLL**

?   Davon, wie der Sollzustand erreicht werden kann/soll?

Weg vom IST zum SOLL

Ordnen Sie dann die Sätze so, dass erst der IST-Zustand beschrieben wird, dann das SOLL, schließlich der Weg, die Maßnahmen.

Soziales Lernen kann nur konkretisiert werden, wenn Schülern Orte zur Verfügung gestellt werden, an denen sie ihre Handlungskompetenz erproben und erweitern können.

Viele unsinnige Pausenbestimmungen sind immer noch in kraft. Neue Gestaltungen sind oft nicht mit neuen Inhalten gefüllt.

Der Schulhof stellt sich nicht als Versicherungsproblem dar, sondern als pädagogische Aufgabe, die in die Verantwortung des Kollegiums fällt.

Der Schulhof soll ein Handlungs- und Erfahrungsfeld sein, das es den Schülern zu eröffnen gilt.

Im Laufe der Jahre haben sich Schulhöfe leicht verändert, die Bereitschaft und Phantasie Erwachsener ist allerdings immer noch leicht erschöpft.

Der Schulhof kann Erfahrungen ermöglichen, die verschiedenen Unterrichtsbereichen zugute kommen. Hier ist an Schulgärten, Werkhöfe, Wetterbeobachtungsstationen, gezielte Bepflanzungen und physikalische Versuchsanordnungen (Seil, Rolle, schiefe Ebene, Wasser, Sand, Bauelemente) zu denken.

Das Kind soll lernen aufzupassen, Mut, Kraft und Geschicklichkeit entwickeln, Selbstvertrauen erwerben, Gefahren erkennen.

 Lösung „Argumentation neu ordnen" in Kapitel 9.3

Argumentationsstrukturen erkennen

Aufgabe:

Analysieren Sie in dieser fiktiven (aber keineswegs wirklichkeitsfernen) Diskussion vor allem die Bezüge zwischen Sätzen. Beantworten Sie dazu die folgenden Fragen:

? Wovon ist im jeweiligen Diskussionsbeitrag die Rede?

? Wie wird dieser Inhalt behandelt (deskriptiv, analytisch, normativ)?

? Wie gehen die aufeinanderfolgenden Aussagen auf Inhalt und Art des vorangegangenen Beitrags ein?

A) Psychische Fehlanpassung ist, wie wir ja alle wissen, *das* Problem der heutigen Zeit. Ich erinnere nur an die Untersuchung Thalmanns, der nachweist, dass schon im Vorschulalter bis zu 40% der Kinder Verhaltensstörungen zeigen. Und es liegt kein Grund zu der Annahme vor, dieser Prozentsatz gehe mit steigendem Lebensalter zurück.

B) dass hier in umfassender Weise individuelle tiefenpsychologische Hilfestellung notwendig wird, steht auch für mich außer Frage. Nur ein Beispiel: In meiner Praxis hatte ich kürzlich eine 33jährige Klientin, deren Agoraphobie, die in eindeutiger Verbindung zu einem Geburtstrauma stand, zunehmende Suizidneigung erwarten ließ. Nur massivste tiefenpsychologische Intervention konnte hier die Basis für eine Reintegration und Gesundung schaffen.

C) Ich möchte nur kurz darauf hinweisen, dass nach meinem Verständnis hier eher von einer Klaustrophobie mit inverser Symptomatik gesprochen werden sollte. Nun aber noch ein Einwand zu Ihnen, Herr A.: Ich spreche dabei aus meiner Erfahrung als Custos des hiesigen Altenheims. Neurosen sind unter Altenheimbewohnern sicherlich ebenso verbreitet. Nur sind die Symptome andere.

 Lösung „Argumentationsstrukturen erkennen" in Kapitel 9.3

Bezüge herstellen

„Strafe"

In seinem Buch über „Grundsätze der Schuldisziplin" (Magdeburg 1826) befasst sich C.C.G. Zerrenner auch mit dem Thema „Strafe" (S. 150ff.). Der folgende Text ist sprachlich leicht modernisiert, folgt also nicht exakt der Vorlage.

Der Text enthält Lücken, die durch überleitende Begriffe gefüllt werden können, aber nicht müssen. D.h.: Hier stand ursprünglich eine Überleitung oder es wäre eine möglich – oder die Lücke ist nur eine kleine Gemeinheit, um Sie zu verwirren.

Aufgabe:
Bitte füllen Sie die Lücken so, wie Sie dies für sinnvoll halten, um das Verständnis des Textes zu verbessern.

Unter Strafen versteht man in der Pädagogik alle absichtlichen Erweckungen unangenehmer Gefühle, um Jemanden .... für die Zukunft von der Übertretung eines Gesetzes, von etwas Bösem abzuhalten, ... um ihn zu bessern. Belohnungen sind .... absichtliche Erweckungen angenehmer Gefühle, um Jemanden zur Erfüllung des Gesetzes, zu etwas Gutem zu ermuntern. (…) Es ist .... von hoher Wichtigkeit, dass der Lehrer den Gesichtspunkt festhält: dass alle Schulstrafen Heilmittel sein müssen, dass .... das ganze Kapitel von den Strafen in der Pädagogik der pädagogischen Heilkunde, von der die moralische ein Hauptteil ist, angehört.

 Lösung „Bezüge herstellen" in Kapitel 9.3

8.4 Gliederungen beurteilen

 ### Gliederung 1

Das Layout der Gliederung entspricht weitgehend der Vorlage; Seitenzahlen wurden weggelassen.

Aufgabe:

Analysieren Sie die Gliederung nach folgendem Formblatt:

Prüffragen an den Aufbau von Gliederungen			
Titelformulierung sachlich?			○
Begriffe in der Gliederung verständlich?			○
Layout/grafische Gestaltung strukturiert?			○
Mehrere Gliederungsebenen vorhanden?			○
Wenn ja:	**ja**		**ja**
Systematik erste Gliederungsebene erkennbar?	○	durchgehalten?	○
Systematik zweite Gliederungsebene erkennbar?	○	durchgehalten?	○
Systematik dritte Gliederungsebene erkennbar?	○	durchgehalten?	○

„Wozu überhaupt Schule?"

1. Vorbemerkung
2. Das geistige Modell
3. Die Welten, in denen wir leben
4. Lernen als Wachsen
5. Die Welt gehört uns allen
6. Der Lernende innerhalb seines geistigen Modells
7. Der Platz in der Gemeinschaft und die eigene Identität
8. Das Wachsen des Selbst
9. Das getötete Selbst
10. Die Taktik der Veränderung
11. Der Lehrer als Polizist
12. Der Lehrer als Führer
13. Gestohlene Lernmöglichkeiten
14. Der Lernprozess als Ganzheit
15. Messen und Vergleichen I
16. Messen und Vergleichen II
17. Geschwindigkeitsmessungen
18. Das Messen der Kraft
19. Wir messen uns selbst
20. Brüche und andere Alpträume
21. Vom Sprechen zum Schreiben
22. Gesprächsaufzeichnungen
23. Wir machen Buchstaben
24. Fotografieren und Schreiben
25. Wir schreiben für uns selbst
26. Verschiedene Arten des Schreibens
27. Wir schreiben für andere
28. Prüfen und benoten
29. Wenn Kinder Schwierigkeiten haben
30. Neue Lernräume
31. Ein neuer Anfang
32. Anhang: Trigonalzahlen
33. Bibliographische Hinweise

Quelle: Holt, J.: Wozu überhaupt Schule. Ravensburg 1975.

 Lösung „Gliederung 1" in Kapitel 9.4

Gliederung 2

Das Layout der Gliederung entspricht weitgehend der Vorlage; Seitenzahlen wurden weggelassen.

Aufgabe:

Analysieren Sie die Gliederung nach folgendem Formblatt:

Prüffragen an den Aufbau von Gliederungen			
Titelformulierung sachlich?			○
Begriffe in der Gliederung verständlich?			○
Layout/grafische Gestaltung strukturiert?			○
Mehrere Gliederungsebenen vorhanden?			○
Wenn ja:	ja		ja
Systematik erste Gliederungsebene erkennbar?	○	durchgehalten?	○
Systematik zweite Gliederungsebene erkennbar?	○	durchgehalten?	○
Systematik dritte Gliederungsebene erkennbar?	○	durchgehalten?	○

„Das Gewissen wecken. Gewissen und Gewissensbildung im Ausgang des 20. Jahrhunderts"

Vorwort
Einleitung: Gewissensbildung in „gewissenloser" Zeit?

I. Teil: Das Gewissen
  1. Vorläufige Definition des Gewissens
  2. Das Urgewissen und das Gewissen
  3. Der Maßstab für das Gewissen
    a) Die Autoritätsethik
    b) Die Nomosethik
    c) Die Wertethik
    d) Die Gegenseitigkeitsethik
    e) Die Anspruchs- und Verantwortungsethik
    f) Das Wechselverhältnis der Ethiken

4. Der Gewissensakt
   a) Der integrativ-personale Akt
   b) Der Gewissensappell
   c) Das schlechte und das gute Gewissen
   d) Das irrige Gewissen
   e) Freiheit und Gewissensakt
5. Das gewissenhafte Handeln

II. Teil: Gewissensentwicklung und Gewissensbildung
1. Gewissensentwicklung
   a) Deutungen aus der verstehenden Entwicklungspsychologie
   b) Tiefenpsychologische Ansätze
   c) Ansätze aus der kognitiven Psychologie
   d) Ansätze aus der Sozialisationstheorie
2. Gewissenserziehung
   a) Ziel und Begründung
   b) Methoden der Gewissenserziehung
   c) Familiäre Erziehung
   d) Schulische Erziehung
   e) Gewissensbildung in Gruppe und Gesellschaft

III. Teil: Gewissenserziehung in heutiger Zeit
1. Die gegenwärtigen Probleme
   a) Das Verstummen des Gewissens
   b) Die Entwertung der Maßstäbe
   c) Probleme in Sozialisation und Erziehung
   d) Die Verdunklung der religiösen Dimension
2. Ansatzpunkte für die Gewissenserziehung
   a) Voraussetzungen in der Jugend
   b) Zielsetzungen
   c) Methoden der Gewissenserziehung
   d) Die Erziehungsräume

Anmerkungen
Literaturverzeichnis
Quelle: Kerstiens, L.: Das Gewissen wecken. Gewissen und Gewissensbildung im Ausgang des 20. Jahrhunderts. Bad Heilbrunn/Obb 1987

 Lösung „Gliederung 2" in Kapitel 9.4

Gliederung 3

Das Layout der Gliederung entspricht weitgehend der Vorlage; Seitenzahlen wurden weggelassen. Abgebildet wird hier nur die erste Seite des Inhaltsverzeichnisses.

Aufgabe:

Analysieren Sie die Gliederung nach folgendem Formblatt:

Prüffragen an den Aufbau von Gliederungen			
Titelformulierung sachlich?			○
Begriffe in der Gliederung verständlich?			○
Layout/grafische Gestaltung strukturiert?			○
Mehrere Gliederungsebenen vorhanden?			○
Wenn ja:	**ja**		**ja**
Systematik erste Gliederungsebene erkennbar?	○	durchgehalten?	○
Systematik zweite Gliederungsebene erkennbar?	○	durchgehalten?	○
Systematik dritte Gliederungsebene erkennbar?	○	durchgehalten?	○

„Das Sokratische Gespräch in Theorie und Praxis"

Vorwort

I. Zur geschichtlichen Entwicklung der Sokratischen Methode

1. Der Sokratische Dialog in der Antike
a) Sokrates und Platon
aa) Ziel der Sokratischen Methode
bb) Die Idee
cc) Das Verhältnis von Idee und Einzelding
dd) Die dialektische Methode
ee) Dialogisches Philosophieren und Kritik der Schriftform
ff) Beispiele für dialektisch-dialogisches Philosophieren
2. Leonard Nelson
3. Gustav Heckmann

II. Theoretische Grundlagen des Sokratischen Gesprächs heute

1. Paradigmenwechsel
2. Wahrheit
3. Vernunftsauffassung und Erfahrungsprozess im Sokratischen Gespräch

III. Die praktische Durchführung des Sokratischen Gesprächs

1. Die Aufzeichnung eines Sokratischen Gesprächs als Einstieg in die Praxisanleitung
a) Regeln für die Leiterin oder den Leiter
b) Regeln für die Teilnehmerinnen und Teilnehmer
2. Die Abstraktion
a) Begriffsklärung
aa) „Wir alle wollen sinnvoll leben. Was ist ein sinnvolles Leben?"
bb) „Alle Menschen sterben, was bedeutet der Tod für unser Leben?"

Horster, D.: Das Sokratische Gespräch in Theorie und Praxis. Opladen 1994.

 Lösung „Gliederung 3" in Kapitel 9.4

Gliederungen vergleichen

Aufgabe:

Besorgen Sie sich bitte drei Bücher zum gleichen Thema. Untersuchen und vergleichen Sie dann die Inhaltsverzeichnisse der Bücher nach folgendem Formblatt:

Prüffragen an den Aufbau von Gliederungen			
Titelformulierung sachlich?			○
Begriffe in der Gliederung verständlich?			○
Layout/grafische Gestaltung strukturiert?			○
Mehrere Gliederungsebenen vorhanden?			○
Wenn ja:	**ja**		**ja**
Systematik erste Gliederungsebene erkennbar?	○	durchgehalten?	○
Systematik zweite Gliederungsebene erkennbar?	○	durchgehalten?	○
Systematik dritte Gliederungsebene erkennbar?	○	durchgehalten?	○

 Gliederungen neu ordnen

Aufgabe:

Sammeln Sie Speisekarten (Wurfsendungen) von verschiedenen Anbietern von Essens-Lieferservice (z.B. Pizzaservice, China-Taxi etc.). Analysieren Sie den jeweiligen Aufbau und versuchen Sie, Gliederungsprinzipien zu benennen. Anschließend versuchen Sie eine Neuordnung nach einem selbstgewählten Prinzip.

 Mögliche Vorschläge für Neuordnungen von Gliederungen finden Sie unter „Gliederungen neu ordnen" in Kap. 9.4

8.5 Texte beurteilen

Wissenschaftsbegriff Zeit-Polemik

Was ist Wissenschaft?

Nicht immer wird in der Form von kurzen Definitionen erläutert, was man unter einem Begriff versteht. Wesentlich häufiger sind ‚beiläufige' Definitionen in Texten, in denen Bruchstücke einer Begriffserklärung vorkommen. Der folgende Text ist ein Ausschnitt aus einem Zeitungsartikel (Die Zeit 11/2005), in dem die Autoren die Wissenschaftlichkeit der Erziehungswissenschaft anzweifeln.

Aufgabe:

Lesen Sie bitte den Text im Hinblick auf die folgenden Fragen durch:

- Was soll die Wissenschaft tun?
- Wie soll die Wissenschaft arbeiten?
- Welche Ergebnisse soll Wissenschaft produzieren?

Fassen Sie dann die Kernaussagen der Autoren zu diesen Fragen zusammen.

Nur bedingt wissenschaftlich.

Die Erziehungswissenschaften haben in der Forschung und der Lehrerausbildung versagt. Eine Polemik

Von Reinhard Kahl und Martin Spiewak

Für das miserable Abschneiden deutscher Schüler im PISA-Test wurden viele verantwortlich gemacht: schlecht ausgebildete Lehrer und sparwütige Bildungspolitiker, Schüler ohne Disziplin und Eltern ohne Interesse. Nur eine Gruppe blieb von der Kritik seltsamerweise weitgehend verschont: die deutschen Erziehungswissenschaftler. Sie haben nicht nur wenig getan, um die deutsche Bildungsmisere zu verhindern. Sie haben diese – bis auf wenige Ausnahmen – noch nicht einmal vorhergesehen. Nicht etwa die der Zunft angehörenden 700 habilitierten Hochschulpädagogen und ihre 1500 wissenschaftlichen Mitarbeiter haben die deutsche Lernschwäche aufgedeckt, sondern die Organisation für wirtschaftliche Zusammenarbeit und Entwicklung (OECD). (…)

Dieses Scheitern ist nur der offensichtlichste Beleg für den beklagenswerten Zustand der deutschen Erziehungswissenschaften. Es dürfte schwer sein, an unseren Universitäten eine ähnlich erstarrte und international isolierte Disziplin zu finden. (…)

Dabei sind die Aufgaben der Erziehungswissenschaftler von immenser Bedeutung. Sie sind verantwortlich für die Ausbildung der Lehrer. Sie sollen Erkenntnisse sammeln und auswerten, wie in Schulen, Hochschulen und anderen pädagogischen Einrichtungen gelehrt und gelernt wird. Sie müssen Fehlentwicklungen erkennen und Politikern wie Praktikern Hilfen an die Hand geben, diese zu korrigieren. Zu Recht erwartet die Öffentlichkeit von der Erziehungswissenschaft Informations- und Orientierungshilfe zu den neuen Anforderungen der Wissensgesellschaft – von der Medienpädagogik bis zum lebenslangen Lernen. Meist vergeblich. Bisher ist die Mehrheit der Hochschulpädagogen keiner dieser Anforderungen gerecht geworden. (…)

Jetzt muss Schadens- und Versäumnisforschung betrieben werden. Worin liegen die Ursachen von schlechten Leistungen? Mit welchen Strategien wären sie zu beheben? Warum hängen in Deutschland soziale Herkunft und Schulerfolg so sehr zusammen wie sonst fast nirgendwo? Wie lassen sich die Übergänge zwischen den Bildungsinstitutionen (Kindergarten, Grundschule, weiterführende Schule, Universität) besser verzahnen? Warum fällt den deutschen Lehrern der Umgang mit unterschiedlichen und unterschiedlich guten Schülern so schwer? (…)

Die Textproduktion der deutschen Erziehungswissenschaften ist zwar beachtlich; allerdings handelt es sich bei vielen Veröffentlichungen eher um Meinungsäußerungen oder feuilletonistische, mitunter durchaus kluge Betrachtungen, nicht aber um wissenschaftliche Arbeiten. (…)

Der Disziplin fehle es an Qualitätsstandards und einer »funktionierenden Selbstkontrolle«, schreibt Jürgen Baumert vom MPI für Bildungsforschung in einem Resümee der drei letzten Evaluationsverfahren. Kaum eine deutsche Publikation durchläuft einen Begutachtungsprozess, Peer-Review genannt, bevor sie gedruckt wird. (…)

Denn statt empirisch zu forschen, wird in Deutschland lieber das Große und Ganze diskutiert. Statt die Schulwirklichkeit zu beobachten und Hinweise für eine Reform des Unterrichts zu geben, wälzt man pädagogische Klassiker und übt sich im gepflegten Diskurs über die »Bildsamkeit«, »Schlüsselqualifikationen« und Co. Selbstgenügsam pflegt man in der Branche alte Freundschaften und Feindschaften. Diese auf Selbstbestätigung ausgerichtete Tradition ist nicht unbedingt auf Erkenntnis aus. (…)

Ganz anders verlief die Entwicklung zum Beispiel in den Niederlanden. Frank van der Schoot erinnert sich noch gut an die Zeit Ende der sechziger Jahre, als die niederländischen Erziehungswissenschaften ihre empirische Wende vollzogen – weg von der Welterklärungspädagogik, wie sie in Deutschland vorherrscht, hin zu einer empirischen Pädagogik angelsächsischer Provenienz, die sich stärker aktuellen Problemen und konkreten Lösungsmöglichkeiten widmet. (…) Offenbar hat die Hinwendung der Wissenschaft zum Konkreten auch der niederländischen Schule gut getan: Beim letzten PISA-Test landeten die Neuntklässler des Landes in Mathematik auf Platz drei. (…)

Der Generationswechsel bei den Erziehungswissenschaftlern könnte die Erneuerung des Fachs beschleunigen. In den nächsten zehn Jahren wird die Hälfte aller Professoren emeritiert. Da ist eine Chance, »die empirische Forschungsorientierung zu stärken«, schreibt Manfred Prenzel vom Kieler IPN und neuer Leiter der PISA-Studie. Sein Vorschlag: einen »Teil der Professuren umwidmen«.

Quelle: DIE ZEIT 11/2005

Hier können Sie Ihre Notizen überprüfen: Lösung „Wissenschaftsbegriff Zeit-Polemik" in Kapitel 9.5 Texte beurteilen.

Lehrerstudium Zeit-Artikel

Die folgenden Texte sind der Pro/Contra-Debatte zum Thema „Gestuftes Lehrerstudium" in der Zeitung „Die Zeit" entnommen. Autoren sind Gabriele Behler und Ewald Terhart. Es handelt sich dabei nicht um eine wissenschaftliche Debatte, bei der man eine höhere Präzision von Begriffen und Argumentationen erwarten würde, sondern um eine eher bildungspolitische. Da aber auch solche Auseinandersetzungen von pädagogischer Relevanz sind, lohnt es eben, auch an solchen Texten selektives Lesen und die Identifizierung von Kernaussagen zu üben.

Aufgabe: ⟶ 190

Prüfen Sie die Texte im Hinblick auf Aussagen zu folgenden Fragen:
- Was sind die Probleme des IST-Zustandes?
- Was charakterisiert den erwünschten SOLL-Zustand?
- Welche Maßnahmen werden zur Erreichung des SOLL-Zustandes vorgeschlagen? (WEG)

■ **Gabriele Behler: Pro**

Jahrzehntelang glich die Reform der Lehrerausbildung einem Kreisverkehr. Gestufte Lehrerstudiengänge zu entwickeln, ist ein Vorschlag, der eine Ausfahrt in die Zukunft bietet. Worin liegen die Vorzüge einer solchen tiefgreifenden Umgestaltung der Lehrerausbildung?

Aufeinander aufbauende Studiengänge bieten endlich die Chance, strukturiert Studieninhalte zu vermitteln und damit das Studium wirklich studierbar zu machen. Das jetzige Lehramtsstudium krankt an der einfachen Addition nicht zusammenhängender Vorlesungen und Seminare. Ein gestuftes Studium eröffnet die Chance, grundlegende Kenntnisse, Fähigkeiten und Methoden zu vermitteln, die eine breite, über das Lehramt hinausgehende berufliche Qualifizierung ermöglichen. Dies wäre gerade für die Lehramtsstudenten an vielen Standorten ein Quantensprung.

Vor allem aber, und das ist das entscheidende Argument, könnte mit dem Bachelor-Abschluss eine Qualifizierung für unterschiedliche Berufsfelder erworben werden. Man muss da nur noch ein Stück weiter gehen als der Expertenrat, der ja die Erziehungswissenschaften und die Didaktik nur dem Master-Studium zuordnet. So einseitig darf man sich nicht festlegen, denn: Warum soll es nicht einen Bachelor geben, dessen Berufsqualifizierung im Vermittlungswissen besteht? Damit könnte man als Grundschullehrer unterrichten. Man könnte aber genauso in den vielen Unternehmen arbeiten, die erkennen, dass von der Personalführung bis hin zur Produktvermarktung Vermittlungskompetenzen unverzichtbar sind.

Oder: Warum sollte ein junger Mensch mit einem Bachelor „Kulturwirt" die erworbenen künstlerischen und betriebswirtschaftlichen Kenntnisse nicht in die Unterrichtsfächer Kunst und Wirtschaft einbringen können? Und könnte nicht jemand, der auf der Basis solider fachwissenschaftlicher Studien in Biologie und Ethik einen Abschluss „Bioethik" erworben hat, anschließend Biologie und Philosophie unterrichten, wenn er denn die entsprechenden fachlichen und pädagogischen Standards einlöst?

Solche Studiengänge hätten vor allem für die Absolventen den riesigen Vorteil, dass sich ihnen mit dem Hochschulabschluss unterschiedliche berufliche Möglichkeiten böten. So, wie es bei anderen Studiengängen ja selbstverständlich ist. Solche Studienabschlüsse würden aus der immer deutlicher werdenden Klemme der Lehrerbildung heraushelfen, die oft wenig respektvoll mit Schweinezyklus bezeichnet wird: dem zyklischen Wechsel zwischen Mangel und Überangebot von Lehrern. Die klassische Lehrerbildung wird ja als Folge weitgehender fachlicher Professionalisierung immer spezialisierter, während auf der anderen Seite die Unwägbarkeiten am Arbeitsmarkt so groß sind, dass Beschäftigungschancen und -möglichkeiten schon auf mittlere Sicht kaum mehr kalkulierbar sind.

Fest steht: Breitere Grundbildungen eröffneten den Absolventen am Arbeitsmarkt größere Spielräume und erleichterten dem staatlichen Beschäftigungssystem die Einstellungen. Und es wäre ja auch nicht falsch, wenn es hier ein größeres Maß an Durchlässigkeit gäbe. Wie oft haben schon Experten ganz unterschiedlicher Richtungen darüber geklagt, dass vermeintlich oder tatsächlich die Lehrerinnen und Lehrer in den Schulen zu wenig Bezüge in die Arbeitswelt hinein hätten. Wenn man aber mit einem Bachelor (oder zusätzlichem Master) auch andere Beschäftigungsmöglichkeiten hat, ist der Wechsel jedenfalls leichter – sei es aus der Wirtschaft in die Schulen, sei es andersherum. Die Schulen selbst könnten sich unterschiedlicher Profile bedienen und stärker im Hinblick auf ihr eigenes Profil auswählen.

Nun ist eine solche grundlegende Neugestaltung der Lehrerausbildung eine geradezu gigantische Herausforderung. Neue Studiengänge in Fülle müssen entwickelt und konzipiert werden, damit sie sich tatsächlich im Fächerkanon der allgemeinbildenden Schulen wiederfinden. Aber unlösbar ist das Problem nicht! Und warum sollten nicht Bachelor-/Master-Strukturen unterschiedlichster Art vorgehalten werden? Zum Beispiel der Bachelor, der die Vermittlung deutscher Sprache und Kultur für Zugewanderte vorsieht und dessen Träger in der Hauptschule (Deutsch und Gesellschaftslehre) genauso tätig werden kann wie in den Maßnahmen der Arbeitsverwaltung oder bei der Volkshochschule? Hierauf aufbauend, könnte ein Master-Studium die philologische Vertiefung leisten, genauso wie ein anderes Master-Studium die Idee des Expertenrats aufgriffe und die erziehungswissenschaftliche und fachdidaktische Vertiefung böte.

Entscheidend: die veränderte Rolle des Staates. Er beschränkt sich auf die Vorgaben von qualitativen und quantitativen Standards und kontrolliert sie über seine Anerkennung.

Nicht nur für die Schule lernen wir.

Gabriele Behler (SPD) ist Ministerin für Schule, Wissenschaft und Forschung des Landes Nordrhein-Westfalen

Weitere Informationen im Internet: www.zeit.de/2001/31/lehrerstudium

Quelle: 31/2001 DIE ZEIT vom 26.07.2001

■ **Ewald Terhart: Contra**

Eine gestufte Lehrerbildung, wie sie der Expertenrat vorschlägt, wird keine besseren Lehrer hervorbringen. Es besteht sogar die Gefahr, dass künftig die Lehrer schlechter ausgebildet werden als heute.

Wenn man die Ausbildung – sagen wir: von Bäckern – verbessern will, worüber spricht man dann in erster Linie? Darüber, was ein Bäcker wissen muss, um gute Brötchen zu backen. Das Gleiche sollte man erwarten, wenn es um die Lehrerbildung geht. Hier geht es allerdings nicht um gute Brötchen, sondern um guten Unterricht. Doch über die Aufgaben von Lehrern und die dafür nötigen Kompetenzen verliert der Expertenrat kein Wort. Kurioserweise gehörte diesem Gremium denn auch kein Fachmann für Lehrerbildung an.

Statt sich mit der Berufsqualifikation von Lehrern zu befassen, beschwört der Expertenrat den nötigen Strukturwandel des Hochschulsystems und die Europäisierung der Bildungswege. Die Lehrerausbildung müsse flexibler auf Mangel oder Überfluss an Lehrern reagieren und dürfe deshalb nicht länger nur auf den Beruf des Pädagogen vorbereiten.

dass keine Vorschläge zum Inhalt der Lehrerbildung gemacht werden, legt einen Verdacht nahe: Nicht die Reform der Pädagogenausbildung ist das Ziel des Expertenrates. Vielmehr wird das Lehrerstudium als Hebel genutzt, um die Hochschulen des Landes zur Einführung gestufter Studiengänge nach angloamerikanischem Muster zu bewegen. Denn zusätzlich empfiehlt der Expertenrat die Einstellung der Lehrerbildung an einigen Universitäten. Insbesondere die geistes- und kulturwissenschaftlichen Fakultäten sind jedoch existenziell auf die Lehrerbildung angewiesen. Da bleibt den betroffenen Hochschulen nur ein Ausweg, wenn sie weiter Lehrer ausbilden wollen: Sie beantragen einen Modellversuch zur gestuften Lehrerbildung – der wiederum nur möglich ist, wenn alle Studiengänge gestuft eingerichtet werden.

Gegen eine Reform der Studienorganisation ist im Prinzip nichts einzuwenden. Unaufrichtig ist jedoch, das Lehrerstudium als Mittel für andere Zwecke zu instrumentalisieren. Zumal der Vorschlag des Expertenrats die Probleme der Lehrerbildung nicht löst, sondern sie noch verstärkt. Warum?

Das Kernproblem der Lehrerausbildung ist gerade darin zu sehen, dass das fachwissenschaftliche Studium nicht organisch mit dem Studium der Vermittlung des Wissens an die Schüler verbunden ist. Angehende Gymnasiallehrer etwa erwerben profunde Kenntnisse der Chemie oder der Romanistik. Nur lernen sie zu wenig, wie sie dieses Wissen an die Schüler weitergeben können. Guter Chemieunterricht jedoch ist kein chemisches, sondern ein pädagogisch-didaktisches Problem. Wer bessere Lehrer will, muss also das

Fachstudium stärker mit dem Studium der Fachdidaktiken und der Pädagogik verschmelzen. Der Vorschlag des Expertenrats zielt jedoch diametral in die andere Richtung.

Zu befürchten ist auch, dass die Studierenden die auf den Lehrerberuf bezogene Master-Phase lediglich als schmale Zusatzqualifikation zum eigentlich wichtigen Fachstudium betrachten werden. Pädagogik und Didaktik – also die Kernkompetenzen der Lehrer – könnten womöglich nur noch als eine Art lernpsychologisches Schmier- und Beruhigungsmittel beim Füttern der Schüler mit „Stoff" angesehen werden. Weiterhin besteht die Gefahr, dass der Grundschullehrer-Studiengang auf dem Bachelor-Niveau verbleibt. Dabei ist gerade im Blick auf die Grundschularbeit eine Anhebung des wissenschaftlichen Niveaus dringlich: Für viele Defizite in der Sekundarschulzeit sind die Grundschulen in der Tat grundlegend. Das Argument der notwendigen Flexibilisierung der Ausbildungswege schließlich macht – in Zeiten fächerbezogenen Lehrermangels – Billiglösungen hoffähig. Es könnte am Ende darauf hinauslaufen, eine eigenständige Lehrerausbildung gänzlich wegzuflexibilisieren.

Die Ruhr-Universität Bochum hat ein Konzept für gestufte Lehrerbildung entwickelt, das die im Vorschlag des Expertenrates angelegten Defizite vermeidet. So sind bereits in der Bachelor-Phase Elemente vorgesehen, die auch für eine Lehr- und Vermittlungsfähigkeit qualifizieren. Und in der Master-Phase bleibt der Zusammenhang zwischen Fachwissen-schaften, Fachdidaktiken und Erziehungswissenschaften erhalten. Vermeidet man die Einseitigkeit der Expertenratsempfehlungen und startet ein Modellversuchsprogramm, das die gestufte Studienstruktur mit den Belangen der Lehrerbildung gutartig verknüpft, so bieten sich immerhin zwei Chancen: Erstens kann empirisch überprüft werden, welches Konzept der Lehrerbildung wirkungsvoller ist. Und zweitens zwingt auch ein falscher Vorschlag dazu, sich über die Inhalte des Studiums sowie über einen klaren Studienaufbau Gedanken zu machen; auf dieser Basis können dringend nötige Reformen angegangen werden.

Ewald Terhart ist Professor für Schulpädagogik an der Ruhr- Universität Bochum. Er war Vorsitzender der Kommission der Kultusministerkonferenz zu den „Perspektiven der Lehrerbildung in Deutschland" (Beltz Verlag, Weinheim 2000)

Quelle: 31/2001 DIE ZEIT vom 26.07.2001

 Hier können Sie Ihre Notizen überprüfen: Lösung „Lehrerstudium Zeit-Artikel" in Kapitel 9.5 Texte beurteilen.

Neue Medien Artikel

Aufgabe:

Analysieren Sie den folgenden Text nach folgenden Fragen:
- Zentrale Begriffe eingeführt?
- Begriffsgebrauch durchgehalten?
- Begriffsarten (normativ, deskriptiv, analytisch)?

- Verbindungen von Sätzen und Absätzen nachvollziehbar ?
- Verbindungen klar?
- Argumentation folgerichtig?

Neues Lernen ohne neue Medien? Es führt kein Weg am Notebook vorbei

Von Wolf-Rüdiger Wagner

Auf eine besondere Spielart der „pedagogical correctness" trifft man in der Diskussion über Schule und Computer. Bevor man sich zum Nutzen der neuen Technologien äußert, warnt man vor der „Technikfalle" (Moser 2001). Die gängige Formel für diese Warnung lautet: Neue Medien führen nicht automatisch zu einer neuen Lernkultur. Diese an sich richtige Feststellung wird durch ihre Einseitigkeit falsch. Konzepte haben nur dann eine Chance, im Unterrichtsalltag realisiert zu werden, wenn die dazu passenden Medien zur Verfügung stehen. Die zum Einsatz kommenden Medien legen die Möglichkeiten des Zugriffs auf Informationen und die Bearbeitungsmöglichkeiten fest und bestimmen damit ganz wesentlich das Schüler-Lehrer-Verhältnis und die Qualität des Unterrichtsgeschehens. Werden Beispiele für die gelungene Verbindung von neuen Medien und neuem Lernen vorgestellt, wird jedoch die Rolle der Medien entsprechend der pädagogisch korrekten Fokussierung auf das Primat der Didaktik mit dem Hinweis relativiert, dass vergleichbare Lernarrangements auch ohne die neuen Medien bereits realisiert wurden und werden.

Übersehen wird hierbei, dass mediale Innovationen im schulischen Bereich oft unauffälliger sind, als es medientheoretische Diskussionen vermuten lassen. Für Schule spielt an den neuen Medien nicht nur das absolut Neue eine Rolle. Wichtiger für den Unterrichtsalltags kann die Frage sein, was durch neue Medien technisch, organisatorisch und finanziell leichter zu realisieren ist, selbst wenn diese Möglichkeiten medientechnisch prinzipiell schon vorher gegeben waren. Wenn Erziehungswissenschaftler sich zu der Äußerung versteigen, bisher könnten sie keinen Vorteil des Internets gegenüber einem Stapel alter Zeitung erkennen (Fromm 2001, S. 177), spricht dies nur für ihre Praxisferne. Für die Veränderung von Lernkultur sind unterrichtsorganisatorische Gesichtspunkte, Fragen der Materialbeschaffung, Vorbereitung und Durchführung des Unterrichts durchaus nicht trivial. Bezogen auf den „Stapel alter Zeitungen" lassen sich schon an einem Thema wie „Nachrichtenvergleich" die unterrichtspraktischen Vorteile von Computer und Internet aufzeigen. Über Suchmaschinen hat man den Zugriff auf eine Vielzahl deutschsprachiger Tageszeitungen. Was für das Thema „Nachrichtenvergleich" skizziert wurde, trifft – wie sich z. B. am didaktischen Modell „Webquest" (s.a. Staiger 2001) zeigen ließe – ebenso auf die Materialbeschaffung, Vorbereitung und Durchführung anderer Formen arbeitsteiliger Gruppenarbeit zu. dass man mit digital vorliegenden Texten anders arbeiten, sie verändern, kürzen, umschreiben, kommunizieren und präsentieren kann, liegt auf der Hand.

Nach einer internationalen Studie treten qualitative Veränderungen von Unterricht erst ein, wenn sich höchstens vier bis sechs Schüler einen Computer teilen müssen. Die IT-Ausstattung an allgemeinbildenden Schufen dient nicht der berufsvorbereitenden Einführung in den Umgang mit Anwendersoftware, sondern der Veränderung der Lernkultur. Im Zentrum dieser veränderten Lernkultur stehen problemorientiertes, selbsttätiges, kooperatives Lernen und die Vermittlung von Medienkompetenz. Lernarrangements, die diesen Anforderungen entsprechen, sind – zumindest im Schulalltag – nur über die Nutzung von Multimedia und Internet möglich. Pädagogen, die nur über Konzepte diskutieren, spielen Politikern, die sich dem Thema Notebook und Elternbeteiligung aus nahe liegenden Gründen nicht nähern wollen, in die Hand.

Wer für sich in Anspruch nimmt, nicht an der Technik, sondern am pädagogischen Mehrwert der Technik interessiert zu sein, darf sich nicht auf die Diskussion von Konzepten beschränken, sondern muss gleichzeitig Aussagen über den zu ihrer Realisierung notwendigen Grad der Ausstattung treffen. Systematisches Lernen mit neuen Medien ist nicht über Computerarbeitsräume oder Medienecken zu erreichen. Das Arbeits- und Lernwerkzeug „Computer" muss Schülerinnen und Schülern individuell jederzeit zur Verfügung stehen. Die technische Lösung hierfür, heißt – heute – Notebook. Dieses Ausstattungsmodell ist jedoch nicht ohne die finanzielle Beteiligung der Eltern zu realisieren.

Das Thema „Notebooks im Schulranzen" wird spätestens dann auf der politischen Tagesordnung erscheinen, wenn man der Frage nach der Neu- bzw. Ersatzanschaffung von Computern nicht mehr ausweichen kann. Der Ausstattungsstandard der führenden PISA-Länder ist über die bisherigen Ausstattungs- und Finanzierungsmodelle weder mittelfristig realisierbar noch längerfristig aufrechtzuerhalten. Erst die private Anschaffung von Notebooks ab individuell verfügbaren Arbeits- und Lernwerkzeugen ermöglicht es Schulträgern, sich auf die Finanzierung der technisch und pädagogisch erforderlichen schulischen Infrastruktur zu konzentrieren.

Mit dem Schritt zum Notebook im Schulranzen würden Fakten geschaffen. Pädagogische Innovationen können auch durch technische Investitionen beschleunigt werden: Um den Computerarbeitsraum kann man einen großen Bogen machen, am „Notebook im Schulranzen" kommt niemand vorbei. „Notebooks im Schulranzen" führen nicht nur zwangsläufig zu einer Diskussion und Abstimmung über pädagogische Konzepte, sondern erzwingen ebenso unterrichts- und schulorganisatorische Veränderungen.

Literatur:

- Fromm, Martin: Bildung im Zeitalter der neuen Medien. In: Pädagogische Rundschau 55 (2001), Heft 55, S. 177. (Hierbei handelt es sich um den Text einer Antrittsvorlesung (!)).

- Moser, Heinz: Wege aus der Technikfalle. Computer und Internet in der Schule. Verlag Pestalozzianum, Zürich 2001.

- Staiger, Stefan: „Webquests". Eine neue didaktische Methode zum Interneteinsatz: Unterrichtsprojekte am technischen Gymnasium und in der Berufsschule. In: Computer und Unterricht 11 (2001), Heft 44, S. 52-56.

Über den Autor:

Dr. Wolf-Rüdiger Wagner, Leiter der Projektgruppe n-21: Schuten

in Niedersachsen online" im Niedersächsischen Kultusministerium.

Quelle: COMPUTER+UNTERRICHT 50/2003, S.14

 Lösung „Neue Medien Artikel" in Kapitel 9.5 Texte beurteilen.

Themen beurteilen

Die folgenden Themen von Examensarbeiten stammen aus dem Internet.

Aufgabe:

Bitte beurteilen Sie die folgenden Beispiele hinsichtlich Eignung als Thema für eine Hausarbeit unter den folgenden Gesichtspunkten:

1. Handelt es sich um ein pädagogisches Thema?
2. Erscheint Ihnen die Formulierung des Themas geeignet für eine wissenschaftliche Arbeit?
3. Ist das Thema hinreichend klar eingegrenzt?

1. Alice Miller – Am Anfang war Erziehung
2. Altruismus – Illusion oder Wirklichkeit
3. Ansätze einer Wissenschaft vom Menschen
4. Anthropologie: Psychologische Anthropologie. Eine Einführung
5. Anthroposophisches Menschenbild als Grundlage der Waldorfpädagogik. Teilaspekte
6. Aries – Geschichte der Kindheit
7. Auswirkung veränderter Kindheit im Anfangsunterricht
8. Maria Montessori
9. Der Praxeologiebegriff Dietrich Benners und die Lebensweltorientierung
10. Wissenserwerb unter konstruktivistischer Perspektive
11. Einführung in die Pädagogik (Hermann Giesecke)
12. Verfallsgewißheiten und wiederkehrende Anfänge
13. Synergie
14. Erzieherische Kommunikation aus systemtheoretischer Perspektive
15. Geschichte der Pädagogik im Überblick
16. Alkoholismus in der Familie
17. Der Erziehungsgedanke im Jugendstrafrecht – Idee – historische Entwicklung – gegenwärtige Diskussion – Bilanz
18. Der Vorgesetzte als Coach: Konzeption und Methodik der Gestaltung eines Trainings zur Entwicklung von Führungskräften zu Mitarbeiter-Coachs
19. Drop-out in der beruflichen Ausbildung
20. Förderung von Interaktion bei autistischen Kindern
21. Lernen von Senioren und Seniorinnen im Internet
22. Macht in der Partnerschaft

 Hier können Sie Ihre Notizen überprüfen: Kapitel 9.5 „Themen beurteilen"

9. Lösungen

9.1 Begriffe klären

 Wissenschaftsbegriff

1. **Tätigkeiten:** ordnen, erklären, begründen, bewerten, Zusammenhänge herstellen (Comptons), sammeln, ordnen, beschreiben, Hypothesen und Theorien bilden (Meyer)
2. **Art, wie gearbeitet wird:** Vorurteilsfreiheit, Wertfreiheit, Verifizierbarkeit, Möglichkeit der Kritik sowie Intersubjektivität (Bertelsmann).
3. **Ergebnisse der Arbeit:** Sammlung von Wissen (Meyer), systematische Darstellung der Erkenntnis einer Zeit (Bertelsmann).

 Familie 1

1. Zu definierender Begriff: Familie
2. Oberbegriff: soziale Struktur
Merkmale, durch die sich der zu definierende Begriff vom nebengeordneten Begriff unterscheidet:
- aufeinander bezogen und zusammenwirkend
- gemischtes Geschlecht
- verschiedene Generationen
- Dauerhaftigkeit des Zusammenlebens
- gemeinsamer Haushalt
3. Nebengeordneter Begriff: Wohngemeinschaft, Projektteam etc.

 Familie 2

1. Zu definierender Begriff: Familie
2. Oberbegriff: soziale Primärgruppe
Merkmale, durch die sich der zu definierende Begriff vom nebengeordneten Begriff unterscheidet:

- hohe Emotionalität
- hohe Intimität
- gesellschaftlich geschützte Form des Zusammenlebens
- verschiedene Generationen
- verschiedene Geschlechter

3. Nebengeordneter Begriff: Liebespaar, Kommune

 Familie 3

1. Zu definierender Begriff: Familie
2. Oberbegriff: soziale Gruppierung

Merkmale, durch die sich der zu definierende Begriff vom nebengeordneten Begriff unterscheidet:

- Verbindung durch Verwandtschaft oder Heirat
- dauerhafter innerer Zusammenhang
- Solidarität
- persönliche Bindungen

3. Nebengeordneter Begriff: Vereinsmitglieder

 Familie 4

1. Zu definierender Begriff: Familie
2. Oberbegriff: ?

Merkmale, durch die sich der zu definierende Begriff vom nebengeordneten Begriff unterscheidet:

- mindestens zwei gegengeschlechtliche Menschen
- psychosozial erwachsene Menschen
- produzieren eine neue Generation
- erziehen die neue Generation so, dass sie psychosozial erwachsen werden kann

3. Nebengeordneter Begriff: ?

Familie 5

1. zu definierender Begriff: Familie
2. Oberbegriff: Elternpaar, das mit Kindern zusammenlebt
Merkmale, durch die sich der zu definierende Begriff vom nebengeordneten Begriff unterscheidet:
   • Kinder sind unselbständig
   • Dauerhaftigkeit
3. Nebengeordneter Begriff: ?

Definitionen anwenden

 Beispiel 1 Lösung

Donald Duck und seine Neffen	*Bewohner des Big-Brother-Containers*	*Gerhard Schröder, Doris Schröder-Köpf, deren Tochter Klara und Adoptivtochter Viktoria*
Nein: kein gegengeschlechtlicher Erwachsener, Donald ist nicht Vater der Neffen	Nein: wenn die Container-Leute sich nicht vermehren, wenn doch: Ja (solange man sie als psychosozial erwachsen einstuft)	Nein: Da die Kindern nicht gemeinsam ‚produziert' sind.

 Beispiel 2 Lösung

Donald Duck und seine Neffen	*Bewohner des Big-Brother-Containers*	*Gerhard Schröder, Doris Schröder-Köpf, deren Tochter Klara und Adoptivtochter Viktoria*
Nein: Donald ist alleinerziehend.	Nein: Es gibt keine Kinder.	Ja.

Beispiel 3 Lösung

Donald Duck und seine Neffen	Bewohner des Big-Brother-Containers	Gerhard Schröder, Doris Schröder-Köpf, deren Tochter Klara und Adoptivtochter Viktoria
Nein: Es handelt sich nicht um ein Zusammenleben von Geschlechtern.	Nein: Die Form des Zusammenlebens ist nicht staatlich legalisiert. Es gibt keine Kinder.	Ja.

 Definitionen schreiben

1. „Kreide":

1. Oberbegriff: Schreibgerät
2. Nebengeordneter Begriff: z.B. Füller, Bleistift
3. Unterscheidungsmerkmale: wird auf der Tafel benutzt
4. Kreide ist ein Schreibgerät, mit dem (anders als z.B. mit Füller oder Bleistift) auf einer Tafel geschrieben wird.

2. „Angst":

1. Oberbegriff: Erleben
2. Nebengeordneter Begriff: Freude
3. Unterscheidungsmerkmale: unangenehm
4. Angst ist ein Erleben, das (anders als z.B. Freude) unangenehm ist.

3. „Leistung":

1. Oberbegriff: Ertrag einer Anstrengung
2. Nebengeordneter Begriff: Fehlschlag
3. Unterscheidungsmerkmale: positiv
4. Leistung ist der positive Ertrag einer Anstrengung

4. „Hermeneutik":

1. Oberbegriff: Methode zur Analyse von Texten
2. Nebengeordneter Begriff: Quantitatives Analyseverfahren
3. Unterscheidungsmerkmale: nutzt Vorverständnis zum Verstehen
4. Hermeneutik ist eine Methode zur Analyse von Texten, die (anders als z.b. quantitative Verfahren) das Vorverständnis des Interpreten für das Verstehen des Textes nutzt.

5. „Kind":

1. Oberbegriff: Mensch
2. Nebengeordneter Begriff: Erwachsener
3. Unterscheidungsmerkmale: kanbn sich noch nicht selbst versorgen
4. Ein Kind ist (anders als ein Erwachsener) ein Mensch, der sich noch nicht selbst versorgen kann.

6. „Teamfähigkeit":

1. Oberbegriff: Zentrale Kompetenz für die Arbeit in Gruppen
2. Nebengeordneter Begriff: fachliche Qualifikation
3. Unterscheidungsmerkmale: sozial
4. Teamfähigkeit ist eine zentrale Kompetenz für die Arbeit in Gruppen, die neben der fachlichen Qualifikation die soziale betont.

 Definitionen und Beispiele schreiben

1. Strafe

1. Oberbegriff: Erzieherische Maßnahme
2. Nebengeordneter Begriff: Lob
3. Unterscheidungsmerkmale: aversiv, gegenwirkend
4. Satz: Strafe ist eine erzieherische Maßnahme, die im Gegensatz zu Lob aversiv ist und gegenwirkt.
5. Beispiele: Tadel, Schläge, Liebesentzug

2. Maria Montessori

1. Oberbegriff: Schulreformerin
2. Nebengeordneter Begriff: Lietz, Otto, usw.
3. Unterscheidungsmerkmale: besondere Betonung des Einsatz von Lernmaterialien
4. Satz: Maria Montessori ist eine Schulreformerin, die u.a. durch den Einsatz spezieller Lernmaterialien bekannt geworden ist.
5. Beispiele: keine möglich

3. Vernunft

1. Oberbegriff: Fähigkeit zur Nutzung geistiger Fähigkeiten
2. Nebengeordneter Begriff: Intuition
3. Unterscheidungsmerkmale: absichtsvoll, strukturiert
4. Satz: Vernunft ist die Fähigkeit, seine geistigen Kräfte absichtsvoll und strukturiert zu benutzen.
5. Beispiele: geordnete Argumentation, Begründung einer Entscheidung

4. Glück

1. Oberbegriff: Positives Erleben
2. Nebengeordneter Begriff: Freude, Zuneigung
3. Unterscheidungsmerkmale: umfassend
4. Satz: Glück ist ein positives Erleben umfassender Stimmigkeit, in gewisser Weise das Zusammenstimmen einzelner positiver Erlebnisse/Erfahrungen.
5. Beispiele: einzelne positive Erfahrungen, Erlebnisse, die dann zusammengenommen Glück ergeben.

Erläuterung:

Wenn bei den obengenannten Begriffen Schwierigkeiten auftreten, eine Definition oder ein Beispiel zu formulieren, dann liegt das an zwei unterschiedlichen Problemen:

- Bei singulären Ereignissen kann man keine und bei hypothetischen Begriffen nur hypothetische Beispiele machen.
- Bei bereits sehr abstrakten Begriffen fällt es schwer, auf eine noch höhere Ebene zu gelangen.

Lösung 1 Pädagogik vs. Erziehungswissenschaft

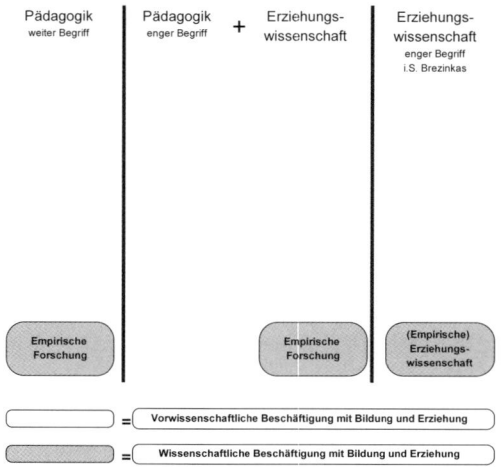

 Lösung 2 Pädagogik vs. Erziehungswissenschaft

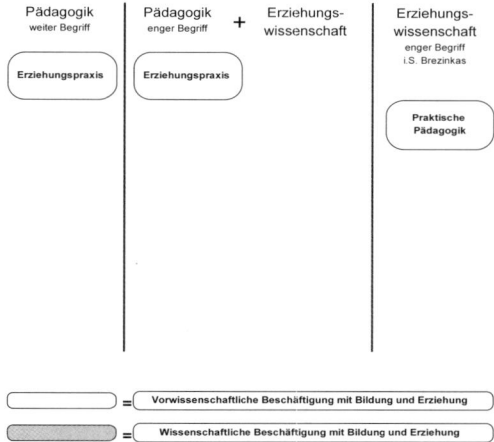

Lösung 3 Pädagogik vs. Erziehungswissenschaft

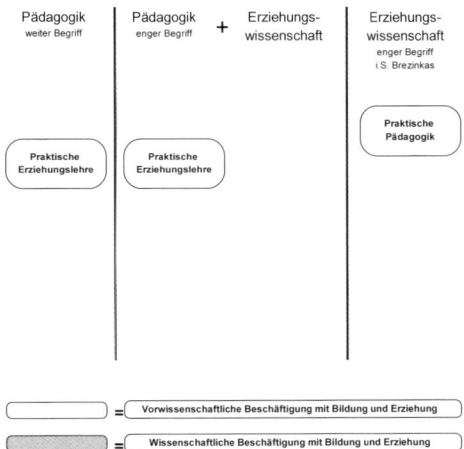

 ## Lösung 4 Pädagogik vs. Erziehungswissenschaft

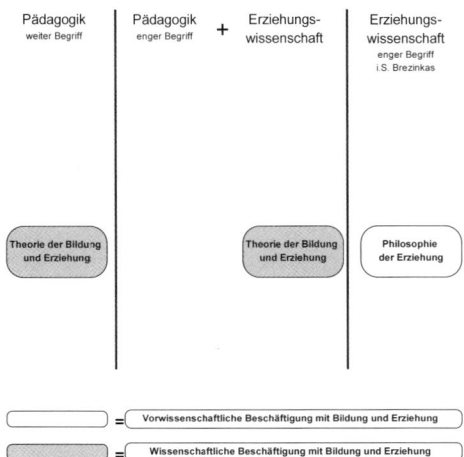

9.2 Begriffs-/Satzarten unterscheiden

 Satzarten/Geltungsbereiche unterscheiden

Nr.	Text
1.	Zur Mitarbeiterbesprechung gehört Kaffee. Satz: deskriptiv oder normativ – je nach Betonung Geltung: generell
2.	Lars kocht den Kaffee, der zur Mitarbeiterbesprechung gehört. Satz: deskriptiv, evtl. bei entsprechender Betonung: normativ Geltung: generell
3.	Es kommt vor, dass Studenten mehr als ihre Dozenten wissen. Satz: analytisch Geltung: partikular
4.	Peter hat heute noch nichts gesagt. Satz: deskriptiv Geltung: generell. Achtung: Der Aussagezeitraum ist „heute". Und heute gibt es keine Ausnahme, daher generell.
5.	Die Sonne geht unter. Satz: deskriptiv Geltung: singular
6.	Französische Autos kann man niemandem empfehlen. Satz: normativ Geltung: generell
7.	Die Mädchen der Klasse 7b haben in der Deutschklausur besser abgeschnitten als die Jungen. Satz: analytisch Geltung: singular

Nr.	*Text*
8.	Manche Leute ekeln sich vor nichts. Satz: deskriptiv Geltung: partikular – das lässt sich manchmal beobachten
9.	Die Studentengeneration der achtziger Jahre soll wesentlich fleißiger als die der siebziger Jahre sein. Satz: analytisch – allerdings hypothetisch Geltung: singular
10.	Es lässt sich heute kaum vermeiden, sich Gedanken über die Friedenssicherung zu machen. Satz: Normativ. Achtung: Der Satz erscheint zwar als deskriptiv, ist aber normativ gemeint. Geltung: partikular/ generell. Achtung: Es wird die Möglichkeit einer Ausnahme angedeutet (kaum), allerdings eher rhetorisch. Gemeint ist der Satz als generelle Forderung.

 Normative Aussagen erkennen

Normative Passagen sind unterstrichen.

Neues Lernen ohne neue Medien? – Es führt kein Weg am Notebook vorbei

Von Wolf-Rüdiger Wagner

Auf eine besondere Spielart der „pedagogical correctness" trifft man in der Diskussion über Schule und Computer. Bevor man sich zum Nutzen der neuen Technologien äußert, warnt man vor der „Technikfalle" (Moser 2001). Die gängige Formel für diese Warnung lautet: Neue Medien führen nicht automatisch zu einer neuen Lernkultur. Diese an sich <u>richtige</u> Feststellung wird durch ihre Einseitigkeit <u>falsch</u>. Konzepte haben nur dann eine Chance, im Unterrichtsalltag realisiert zu werden, wenn die dazu passenden Medien zur Verfügung stehen. Die zum Einsatz kommenden Medien legen die Möglichkeiten des Zugriffs auf Informationen und die Bearbeitungsmöglichkeiten fest und bestimmen damit ganz wesentlich das Schüler-Lehrer-Verhältnis und die Qualität des Unterrichtsgeschehens. Werden Beispiele für die gelungene Verbindung von neuen Medien und neuem Lernen vorgestellt, wird jedoch die Rolle der Medien entsprechend der pädagogisch korrekten Fokussierung auf das Primat der Didaktik mit dem Hinweis relativiert, dass vergleichbare Lernarrangements auch ohne die neuen Medien bereits realisiert wurden und werden.

Übersehen wird hierbei, dass mediale Innovationen im schulischen Bereich oft unauffälliger sind, als es medientheoretische Diskussionen vermuten lassen. Für Schule spielt an den neuen Medien nicht nur das absolut Neue eine Rolle. Wichtiger für den Unterrichtsalltags kann die Frage sein, was durch neue Medien technisch, organisatorisch und finanziell leichter zu realisieren ist, selbst wenn diese Möglichkeiten medientechnisch prinzipiell schon vorher gegeben waren. Wenn Erziehungswissenschaftler sich zu der Äußerung versteigen, bisher könnten sie keinen Vorteil des Internets gegenüber einem Stapel alter Zeitung erkennen (Fromm 2001, S. 177), spricht dies nur für ihre Praxisferne. Für die Veränderung von Lernkultur sind unterrichtsorganisatorische Gesichtspunkte, Fragen der Materialbeschaffung, Vorbereitung und Durchführung des Unterrichts durchaus nicht trivial. Bezogen auf den „ Stapel alter Zeitungen" lassen sich schon an einem Thema wie „Nachrichtenvergleich" die unterrichtspraktischen Vorteile von Computer und Internet aufzeigen. Über Suchmaschinen hat man den Zugriff auf eine Vielzahl deutschsprachiger Tageszeitungen. Was für das Thema „Nachrichtenvergleich" skizziert wurde, trifft – wie sich z. B. am didaktischen Modell „Webquest" (s. a. Staiger 2001) zeigen ließe – ebenso auf die Materialbeschaffung, Vorbereitung und Durchführung anderer Formen arbeitsteiliger Gruppenarbeit zu. dass man mit digital vorliegenden Texten anders arbeiten, sie verändern, kürzen, umschreiben, kommunizieren und präsentieren kann, liegt auf der Hand.

Nach einer internationalen Studie treten qualitative Veränderungen von Unterricht erst ein, wenn sich höchstens vier bis sechs Schüler einen Computer teilen müssen. Die IT-Ausstattung an allgemeinbildenden Schufen dient nicht der berufsvorbereitenden Einführung in den Umgang mit Anwendersoftware, sondern der Veränderung der Lernkultur. Im Zentrum dieser veränderten Lernkultur stehen problemorientiertes, selbsttätiges, kooperatives Lernen und die Vermittlung von Medienkompetenz. Lernarrangements, die diesen Anforderungen entsprechen, sind – zumindest im Schulalltag – nur über die Nutzung von Multimedia und Internet möglich. Pädagogen, die nur über Konzepte diskutieren, spielen Politikern, die sich dem Thema Notebook und Elternbeteiligung aus nahe liegenden Gründen nicht nähern wollen, in die Hand.

Wer für sich in Anspruch nimmt, nicht an der Technik, sondern am pädagogischen Mehrwert der Technik interessiert zu sein, darf sich nicht auf die Diskussion von Konzepten beschränken, sondern muss gleichzeitig Aussagen über den zu ihrer Realisierung notwendigen Grad der Ausstattung treffen. Systematisches Lernen mit neuen Medien ist nicht über Computerarbeitsräume oder Medienecken zu erreichen. Das Arbeits- und Lernwerkzeug „Computer" muss Schülerinnen und Schülern individuell jederzeit zur Verfügung stehen. Die technische Lösung hierfür, heißt – heute – Notebook. Dieses Ausstattungsmodell ist jedoch nicht ohne die finanzielle Beteiligung der Eltern zu realisieren.

Das Thema „Notebooks im Schulranzen" wird spätestens dann auf der politischen Tagesordnung erscheinen, wenn man der Frage nach der Neu- bzw. Ersatzanschaffung von Computern nicht mehr ausweichen kann. Der Ausstattungsstandard der führenden PISA-Länder ist über die bisherigen Ausstattungs- und Finanzierungsmodelle weder mittelfristig realisierbar noch längerfristig aufrechtzuerhalten. Erst die private Anschaffung von Notebooks ab individuell verfügbaren Arbeits- und Lernwerkzeugen ermöglicht es Schulträgern, sich auf die Finanzierung der technisch und pädagogisch erforder-lichen schulischen Infrastruktur zu konzentrieren.

Mit dem Schritt zum Notebook im Schulranzen würden Fakten geschaffen. Pädago-gische Innovationen können auch durch technische Investitionen beschleunigt werden: Um den Computerarbeitsraum kann man einen großen Bogen machen, am „Notebook im Schulranzen" kommt niemand vorbei. „Notebooks im Schulranzen" führen nicht nur zwangsläufig zu einer Diskussion und Abstimmung über pädagogische Konzepte, son-dern erzwingen ebenso unterrichts- und schulorganisatorische Veränderungen.

Erläuterung zu den Markierungen:

Es werden im Text immer wieder bestimmte Sachverhalte so dargestellt, dass der Eindruck entsteht, es gebe keine Alternative zu dieser Einschätzung/Forde-rung (wie z.B. dass die Eltern die notebooks mitfinanzieren sollen). Dadurch, dass Dinge als selbstverständlich dargestellt werden, erscheint eine Diskussion als nicht möglich.

 Ableitung 1

Beispiel: Jean-Jacques Rousseau

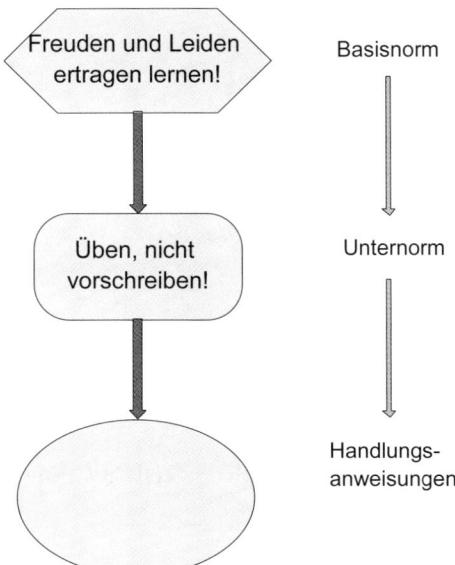

179

Zunächst wird hier das Erziehungsziel formuliert: Kinder sollen Freuden und Leiden des Lebens möglichst gut ertragen lernen! Daraus wird gefolgert: Erziehung soll vor allem praktisch üben!

 Ableitung 2

Beispiel: Jean-Jacques Rousseau

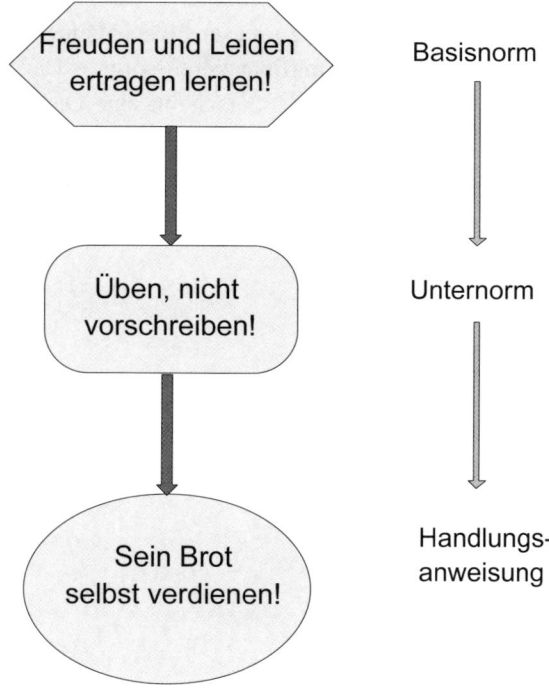

Anmerkung:
Diese Handlungsanweisung formuliert Rousseau an anderer Stelle im „Emile".

Ableitung 3

Beispiel: August Hermann Francke

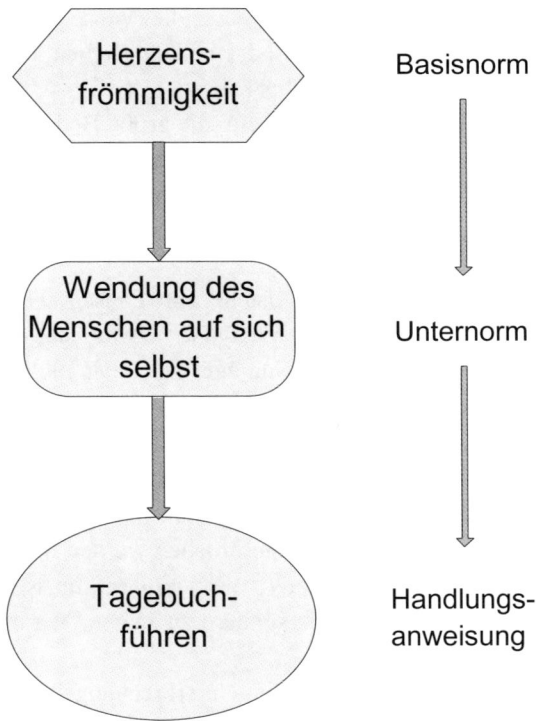

Für Francke ergibt sich mit der Forderung nach der Wendung des Menschen auf sich selbst und nach Kontemplation die konkrete Handlungsanweisung, der Zögling müsse Tagebuch über seine seelisch-religiöse Entwicklung führen (vgl. Meyer [2]1974, S. 33f., vgl. a. Blankertz 1969, S. 21ff.).

9.3 Texte strukturieren

 Bezüge analysieren

Man kann sich zwar Gedanken zum prinzipiellen Sinn von Pausen machen. Dabei kommt dann aber nur, wenig erhellend, heraus, dass ‚die' Pause eine Unterbrechung von irgendetwas ist. Zum Verständnis der pädagogischen Relevanz von Schulpausen tragen diese Überlegungen nichts bei.

Der Sinn dieser Einleitung soll wohl vor allem sein, die große Bedeutung der Pause zu verdeutlichen. Es geht hier aber nicht um letzte Fragen ‚der' Menschheit, sondern wesentlich bescheidener darum, wie Pädagogen über Pausen nachdenken. Problematischer als der unnötig pompöse Zugang zum Thema sind nun aber die gedanklichen Irrwege in diesem Text:

Warum lässt eine Lebensweisheit auf die Existenz von Pausen schließen? „Mens sana in corpore sano." sagt zunächst nur analytisch etwas über den Zusammenhang von körperlicher und geistiger Gesundheit aus, aber nichts darüber, ob und wie körperliche Gesundheit gewährleistet werden kann und soll. Die Annahme, die Römer hätten hierzu Pausen eingesetzt, ist daher beliebig.

Im nächsten Satz wird die Behauptung aufgestellt, dass bei einem hohen Bildungsstand der Lernprozeß durch Lernpausen unterbrochen werden muss. Dass jede menschliche Aktivität irgendwann einmal unterbrochen werden muss (z.B. durch Schlaf), ist trivial. Hier aber wird behauptet: Wer viel lernt, muss Pausen machen. Das aber wäre nicht nur zu behaupten, sondern zu zeigen: Warum machen Lernprozesse Pausen erforderlich?

Der nächste Satz betont nun nur Triviales: Pausen/Unterbrechungen sind normal und unvermeidbar. Darum geht es aber nicht: Die Frage, die hier verhandelt werden müsste, ist vielmehr, wann welche Pausen pädagogisch sinnvoll sind. Hier wird nur pauschal behauptet, effektiver Unterricht und richtiges Lernen seien nur dann möglich, wenn Pausen stattfänden. Da man sehr viele unterschiedliche Vorstellungen von effektivem Unterricht, richtigem Lernen und Formen von Pausen haben kann, setzt dieser Satz genau genommen nur drei Fragezeichen zueinander in Beziehung. Eine Aussage ähnlicher ‚Präzision' wäre etwa: Ohne Einsatz kein gutes Resultat.

Der letzte gedankliche Irrweg: Die Geschichte der Schulpause hängt natürlich mit der Geschichte der Schule zusammen, weil die Schulpause ein Teil dessen ist, was Schule ausmacht. Genauso könnte man sagen, die Geschichte des Unterrichts, des Lehrers usw. hänge mit der Geschichte der Schule zusammen. Das ist wiederum trivial. Dieser Zusammenhang ist aber nicht dadurch bedingt, dass für effektives Lernen Pausen notwendig sind. Gemeint ist hier wohl auch etwas anderes, nämlich dass die Pause wegen ihrer Bedeutung für effektives Lernen in der Geschichte der Schule immer Beachtung gefunden habe o.ä. Das sollte dann aber auch so da stehen – und vor allem konkretisiert werden.

 Argumention neu ordnen

Analysieren von Aussagen

> Im Laufe der Jahre haben sich Schulhöfe leicht verändert, die Bereitschaft und Phantasie Erwachsener ist allerdings immer noch leicht erschöpft. **IST**

> Viele unsinnige Pausenbestimmungen sind immer noch in kraft. Neue Gestaltungen sind oft nicht mit neuen Inhalten gefüllt. **IST**

> Der Schulhof stellt sich nicht als Versicherungsproblem dar, sondern als pädagogische Aufgabe, die in die Verantwortung des Kollegiums fällt. **SOLL**

> Der Schulhof soll ein Handlungs- und Erfahrungsfeld sein, das es den Schülern zu eröffnen gilt. **SOLL**

> Das Kind soll lernen aufzupassen, Mut, Kraft und Geschicklichkeit entwickeln, Selbstvertrauen erwerben, Gefahren erkennen. **SOLL**

> Soziales Lernen kann nur konkretisiert werden, wenn Schülern Orte zur Verfügung gestellt werden, an denen sie ihre Handlungskompetenz erproben und erweitern können. **Weg**

> Der Schulhof kann Erfahrungen ermöglichen, die verschiedenen Unterrichtsbereichen zugute kommen. Hier ist an Schulgärten, Werkhöfe, Wetterbeobachtungsstationen, gezielte Bepflanzungen und physikalische Versuchsanordnungen (Seil, Rolle, schiefe Ebene, Wasser, Sand, Bauelemente) zu denken. **Weg**

Argumentationsstrukturen erkennen

A) Psychische Fehlanpassung ist, wie wir ja alle wissen, *das* Problem* der heutigen Zeit. Ich erinnere nur an die Untersuchung Thalmanns, der nachweist, dass schon im Vorschulalter bis zu 40% der Kinder Verhaltensstörungen** zeigen***. Und es liegt kein Grund zu der Annahme vor, dieser Prozentsatz gehe mit steigendem Lebensalter zurück.

*   Erscheint oberflächlich betrachtet deskriptiv, ist aber eine Forderung: „Das muss man so sehen!"
**   Zuerst war von psychischer Fehlanpassung die Rede, ist das dasselbe wie Verhaltensstörungen?
*** Naturalistischer Fehlschluss: Aus 40 % Störungen folgt nicht, dass man diese als *das* Problem unserer Zeit ansehen muss.

B) Dass hier in umfassender Weise individuelle tiefenpsychologische* Hilfestellung notwendig** wird, steht auch für mich außer Frage. Nur ein Beispiel: In meiner Praxis hatte ich kürzlich eine 33jährige Klientin, deren Agoraphobie***, die in eindeutiger Verbindung zu einem Geburtstrauma stand, zunehmende Suizidneigung erwarten ließ. Nur massivste tiefenpsychologische Intervention konnte hier die Basis für eine Reintegration und Gesundung schaffen.

*   Oben war nicht von Tiefenpsychologie die Rede, auch noch nichts von Maßnahmen.
**   Ebenfalls normativ.
*** Was Agoraphobie mit Verhaltensstörungen zu tun hat, bleibt unklar. Zudem ist hier nicht von Kindern die Rede. Schließlich lassen sich aus Einzelfällen keine Regeln gewinnen.

C) Ich möchte nur kurz darauf hinweisen, dass nach meinem Verständnis hier eher von einer Klaustrophobie mit inverser Symptomatik gesprochen werden sollte. Nun aber noch ein Einwand* zu Ihnen, Herr A.: Ich spreche dabei aus meiner Erfahrung** als Custos des hiesigen Altenheims****. Neurosen*** sind unter Altenheimbewohnern sicherlich ebenso verbreitet. Nur sind die Symptome andere.

*   Das ist kein Einwand, sondern eine Unterstützung.
**   Erfahrung ist eine vage empirische Grundlage im Vergleich mit der Untersuchung oben.
*** Sind Neurosen Verhaltensstörungen, psychische Fehlanpassungen usw.? Es wird mit wechselnden Begriffen gearbeitet!
**** Hier wird die Annahme von A aufgenommen, dass Probleme unabhängig vom Alter sind. Die Frage ist nur, ob über dieselben Probleme geredet wird.

 Bezüge herstellen

Der Begriff, der als erster in der Lücke steht, ist die Version des Orignaltextes. Die Begriffe in den Klammern sind Alternativvorschläge.

Unter Strafen versteht man in der Pädagogik alle absichtlichen Erweckungen unangenehmer Gefühle, um Jemanden *nicht nur <keine Füllung>* für die Zukunft von der Übertretung eines Gesetzes, von etwas Bösem abzuhalten, *sondern <und; oder>* um ihn zu bessern. Belohnungen sind *dagegen <im Gegensatz dazu>* absichtliche Erweckungen angenehmer Gefühle, um Jemanden zur Erfüllung des Gesetzes, zu etwas Gutem zu ermuntern. (…) Es ist *keine Füllung; <dabei>* von hoher Wichtigkeit, dass der Lehrer den Gesichtspunkt festhält: dass alle Schulstrafen Heilmittel sein müssen, dass *also <demnach; entsprechend>* das ganze Kapitel von den Strafen in der Pädagogik der pädagogischen Heilkunde, von der die moralische ein Hauptteil ist, angehört.

185

9.4 Gliederungen beurteilen

 Gliederung 1

„Wozu überhaupt Schule?"

Titelformulierung sachlich?	Nein; eher journalistisch
Begriffe in der Gliederung verständlich?	Ja; dennoch recht vage (z.b. „Das geistige Modell")
Layout/grafische Gestaltung strukturiert?	Nein. Keine Einrückungen, keine besonderen Formatierungen.
Mehrere Gliederungsebenen vorhanden?	Nein. Nur Liste.

 Gliederung 2

„Das Gewissen wecken. Gewissen und Gewissensbildung im Ausgang des 20. Jahrhunderts"

Titelformulierung sachlich?	Zum Teil. Der Haupttitel will Aufmerksamkeit erzeugen, der zweite Teil ist sachlich.
Begriffe in der Gliederung verständlich?	Ja. Allerdings teilweise „blumig" formuliert (z.T. „Die Verdunkelung der religiösen Dimension").
Layout/grafische Gestaltung strukturiert?	Ja.
Mehrere Gliederungsebenen vorhanden?	Ja.
Systematik erste Gliederungsebene erkennbar?	Ja und durchgehalten. Teil I: Gegenstand „Gewissen" wird vorgestellt, Teil II: Grundsätzliche Erklärungen zu Entwicklung und Bildung des Gewissens, Beeinflussung des Gewissens, Teil III: Konsequenzen für die Gewissenserziehung heute.
Systematik zweite Gliederungsebene erkennbar?	Ja und durchgehalten. Teil I: Darstellung verschiedener Aspekte des Gewissen, Gliederungsprinzip Reihung. Teil II: Gliederungsprinzip Folgerung

Systematik dritte Gliederungsebene erkennbar?	Ja und durchgehalten. Teil I: Gliederungsprinzip Reihung Teil II: Gliederungsprinzip Reihung Teil III: Kap. 1: Gliederungsprinzip Reihung; Kap. 2: Gliederungsprinzip didaktisch-methodischer Aufbau

 Gliederung 3

„Das Sokratische Gespräch in Theorie und Praxis"

Titelformulierung sachlich?	Ja.
Begriffe in der Gliederung verständlich?	Ja. Sprachstil sachlich.
Layout/grafische Gestaltung strukturiert?	Ja.
Mehrere Gliederungsebenen vorhanden?	Ja.
Systematik erste Gliederungsebene erkennbar?	Ja. Nicht vollständig durchgehalten. Die chronologische Abfolge von Kap. 1 und Kap. 2 (geschichtliche Grundlagen gestern, theoretische Grundlagen heute) wird in Kap. 3 nicht weitergeführt. 2 und 3 liegen zeitlich auf der gleichen Ebene und sind durch die Abfolge Theorie – Praxis verbunden.
Systematik zweite Gliederungsebene erkennbar?	Ja und durchgehalten. Kap. 1: Gliederungsprinzip Chronologie. Vertreter in zeitlicher Folge geordnet (Antike – heute). Kap. 2: Gliederungsprinzip Reihung. Verschiedene theoretische Aspekte. Kap. 3: Gliederungsprinzip Chronologie/Forschungslogik. Der Aufzeichnung folgt die Auswertung.
Systematik dritte Gliederungsebene erkennbar?	Ja. Kap. 1: Gliederungsprinzip Chronologie. Vertreter in zeitlicher Folge geordnet (innerhalb Antike) Kap. 2: Gliederungsprinzip Reihung.

Gliederungen neu ordnen

Vorschläge für mögliche Gliederungen:
- Preis innerhalb einer Kategorie (Pizza von billig bis teuer gereiht)
- nach Zutaten (Brotbasis, Gemüsebasis, Fleischbasis etc.)
- nach Reihenfolge im Menue (Vorspeise, Hauptgericht, Nachspeise) chronologisch angeordnet
- nach Herstellungsart (Ofengerichte, Pfannengerichte, Buffet)
- nach Zubereitungsart (roh, gebacken, gekocht, gegrillt)
- nach Esstemperatur (warm – kalt)
- nach Konsistenz (fest – flüssig)
- nach Landesküche (Italien, China, Mexiko, Schwaben etc.)
- nach Menge (ganzes Menue, Beilagen, Extras)
- nach Tageszeit (Mittagsangebote, Abendkarte etc.)
- nach Bekanntheitsgrad (erst italienisch, später die exotischeren Sachen)

9.5 Texte beurteilen

 Wissenschaftsbegriff Zeit-Polemik

Nur bedingt wissenschaftlich.
Die Erziehungswissenschaften haben in der Forschung **und der** Lehrerausbildung
versagt. Eine Polemik Von Reinhard Kahl und Martin Spiewak

Für das miserable Abschneiden deutscher Schüler im PISA-Test wurden viele verantwortlich gemacht: schlecht ausgebildete Lehrer und sparwütige Bildungspolitiker, Schüler ohne Disziplin und Eltern ohne Interesse. Nur eine Gruppe blieb von der Kritik seltsamerweise weitgehend verschont: die deutschen Erziehungswissenschaftler. Sie haben nicht nur wenig getan, um die deutsche Bildungsmisere zu verhindern. Sie haben diese – bis auf wenige Ausnahmen – noch nicht einmal vorhergesehen. Nicht etwa die der Zunft angehörenden 700 habilitierten Hochschulpädagogen und ihre 1500 wissenschaftlichen Mitarbeiter haben die deutsche Lernschwäche aufgedeckt, sondern die Organisation für wirtschaftliche Zusammenarbeit und Entwicklung (OECD). (…)

Dieses Scheitern ist nur der offensichtlichste Beleg für den beklagenswerten Zustand der deutschen Erziehungswissenschaften. Es dürfte schwer sein, an unseren Universitäten eine ähnlich erstarrte und international isolierte Disziplin zu finden. (…)

Dabei sind die Aufgaben der Erziehungswissenschaftler von immenser Bedeutung. Sie sind verantwortlich für die Ausbildung der Lehrer. Sie sollen Erkenntnisse sammeln und auswerten, wie in Schulen, Hochschulen und anderen pädagogischen Einrichtungen gelehrt und gelernt wird. Sie müssen Fehlentwicklungen erkennen und Politikern wie Praktikern Hilfen an die Hand geben, diese zu korrigieren. Zu Recht erwartet die Öffentlichkeit von der Erziehungswissenschaft Informations- und Orientierungshilfe zu den neuen Anforderungen der Wissensgesellschaft – von der Medienpädagogik bis zum lebenslangen Lernen. Meist vergeblich. Bisher ist die Mehrheit der Hochschulpädagogen keiner dieser Anforderungen gerecht geworden. (…)

Jetzt muss Schadens- und Versäumnisforschung betrieben werden. Worin liegen die Ursachen von schlechten Leistungen? Mit welchen Strategien wären sie zu beheben? Warum hängen in Deutschland soziale Herkunft und Schulerfolg so sehr zusammen wie sonst fast nirgendwo? Wie lassen sich die Übergänge zwischen den Bildungsinstitutionen (Kindergarten, Grundschule, weiterführende Schule, Universität) besser verzahnen? Warum fällt den deutschen Lehrern der Umgang mit unterschiedlichen und unterschiedlich guten Schülern so schwer? (…)

Die Textproduktion der deutschen Erziehungswissenschaften ist zwar beachtlich; allerdings handelt es sich bei vielen Veröffentlichungen eher um Meinungsäußerungen oder feuilletonistische, mitunter durchaus kluge Betrachtungen, nicht aber um wissenschaftliche Arbeiten. (…)

Der Disziplin fehle es an Qualitätsstandards und einer »funktionierenden Selbstkontrolle«, schreibt Jürgen Baumert vom MPI für Bildungsforschung in einem Resümee der drei letzten Evaluationsverfahren. Kaum eine deutsche Publikation durchläuft einen Begutachtungsprozess, Peer-Review genannt, bevor sie gedruckt wird. (…)

Denn statt empirisch zu forschen, wird in Deutschland lieber das Große und Ganze diskutiert. Statt die Schulwirklichkeit zu beobachten und Hinweise für eine Reform des Unterrichts zu geben, wälzt man pädagogische Klassiker und übt sich im gepflegten Diskurs über die »Bildsamkeit«, »Schlüsselqualifikationen« und Co. Selbstgenügsam pflegt man in der Branche alte Freundschaften und Feindschaften. Diese auf Selbstbestätigung ausgerichtete Tradition ist nicht unbedingt auf Erkenntnis aus. (…)

Von der Welterklärungspädagogik zur empirischen Wissenschaft

Ganz anders verlief die Entwicklung zum Beispiel in den Niederlanden. Frank van der Schoot erinnert sich noch gut an die Zeit Ende der sechziger Jahre, als die niederländischen Erziehungswissenschaften ihre empirische Wende vollzogen – weg von der Welterklärungspädagogik, wie sie in Deutschland vorherrscht, hin zu einer empirischen Pädagogik angelsächsischer Provenienz, die sich stärker aktuellen Problemen und konkreten Lösungsmöglichkeiten widmet. (…) Offenbar hat die Hinwendung der Wissenschaft zum Konkreten auch der niederländischen Schule gut getan: Beim letzten PISA-Test landeten die Neuntklässler des Landes in Mathematik auf Platz drei. (…)

Der Generationswechsel bei den Erziehungswissenschaftlern könnte die Erneuerung des Fachs beschleunigen. In den nächsten zehn Jahren wird die Hälfte aller Professoren emeritiert. Da ist eine Chance, »die empirische Forschungsorientierung zu stärken«, schreibt Manfred Prenzel vom Kieler IPN und neuer Leiter der PISA-Studie. Sein Vorschlag: einen »Teil der Professuren umwidmen«.

Fazit:

- Was soll die Wissenschaft tun ?
  sammeln und auswerten, beobachten

- Wie soll die Wissenschaft arbeiten?
  empirisch forschen

- Welche Ergebnisse soll Wissenschaft produzieren?
  Hilfen für Praktiker, konkrete Lösungsmöglichkeiten, Hinweise für eine Reform des Unterrichts, Erkenntnis

 Lehrerstudium Zeit-Artikel

In der Lösung sind solche Argumente, die im Verlauf wiederholt, aber nur leicht variiert auftreten, ausgelassen.

■ **Gabriele Behler: Pro**

Jahrzehntelang glich die Reform der Lehrerausbildung einem Kreisverkehr. (IST)

Gestufte Lehrerstudiengänge zu entwickeln, ist ein Vorschlag, der eine Ausfahrt in die Zukunft bietet. (WEG)

(...)

Aufeinander aufbauende Studiengänge bieten endlich die Chance, strukturiert Studieninhalte zu vermitteln und damit das Studium wirklich studierbar zu machen. (Maßnahme)

Das jetzige Lehramtsstudium krankt an der einfachen Addition nicht zusammenhängender Vorlesungen und Seminare. (IST)

Ein gestuftes Studium eröffnet die Chance, grundlegende Kenntnisse, Fähigkeiten und Methoden zu vermitteln, die eine breite, über das Lehramt hinausgehende berufliche Qualifizierung ermöglichen. (SOLL) (...)

Vor allem aber, und das ist das entscheidende Argument, könnte mit dem Bachelor-Abschluss eine Qualifizierung für unterschiedliche Berufsfelder erworben werden. (SOLL)

(...)

Damit könnte man als Grundschullehrer unterrichten. Man könnte aber genauso in den vielen Unternehmen arbeiten (SOLL) (...).

Solche Studiengänge hätten vor allem für die Absolventen den riesigen Vorteil, dass sich ihnen mit dem Hochschulabschluss unterschiedliche berufliche Möglichkeiten böten. (SOLL) (...)

(...) zyklischen Wechsel zwischen Mangel und Überangebot von Lehrern. (IST)

Die klassische Lehrerbildung wird ja als Folge weitgehender fachlicher Professionalisierung immer spezialisierter, während auf der anderen Seite die Unwägbarkeiten am Arbeitsmarkt so groß sind, dass Beschäftigungschancen und -möglichkeiten schon auf mittlere Sicht kaum mehr kalkulierbar sind. (IST)

(...) Breitere Grundbildungen (WEG) eröffneten den Absolventen am Arbeitsmarkt größere Spielräume (SOLL) (...)

(...) Neue Studiengänge in Fülle müssen entwickelt und konzipiert werden (WEG) (...)

■ **Ewald Terhart: Contra**

(...)

Das Kernproblem der Lehrerausbildung ist gerade darin zu sehen, dass das fachwissenschaftliche Studium nicht organisch mit dem Studium der Vermittlung des Wissens an die Schüler verbunden ist. (IST)

(...) Nur lernen sie zu wenig, wie sie dieses Wissen an die Schüler weitergeben können.(IST) (...)Wer bessere Lehrer will, muss also das Fachstudium stärker mit dem Studium der Fachdidaktiken und der Pädagogik verschmelzen. (WEG)

(...) Anhebung des wissenschaftlichen Niveaus (...)(WEG)

Für viele Defizite in der Sekundarschulzeit sind die Grundschulen in der Tat grundlegend. (IST) (...)

(...) bereits in der Bachelor-Phase Elemente vorgesehen, die auch für eine Lehr- und Vermittlungsfähigkeit qualifizieren (WEG) (...)

Neue Medien Artikel

Neues Lernen ohne neue Medien? – Es führt kein Weg am Notebook vorbei

Von Wolf-Rüdiger Wagner

Auf eine besondere Spielart der „pedagogical correctness" trifft man in der Diskussion über Schule und Computer. Bevor man sich zum Nutzen der neuen Technologien [1] äußert, warnt man vor der „Technikfalle" (Moser 2001). Die gängige Formel für diese Warnung lautet: Neue Medien führen nicht automatisch zu einer neuen Lernkultur. Diese an sich richtige Feststellung wird durch ihre Einseitigkeit falsch[2].[3]Konzepte haben nur dann eine Chance, im Unterrichtsalltag realisiert zu werden, wenn die dazu passenden Medien zur Verfügung stehen. Die zum Einsatz kommenden Medien legen die Möglichkeiten des Zugriffs auf Informationen und die Bearbeitungsmöglichkeiten fest und bestimmen damit [4] ganz wesentlich das Schüler-Lehrer-Verhältnis und die Qualität des Unterrichtsgeschehens. Werden Beispiele für die gelungene Verbindung von neuen Medien und neuem Lernen vorgestellt, wird jedoch [5] die Rolle der Medien entsprechend der pädagogisch korrekten Fokussierung auf das Primat der Didaktik [6] mit dem Hinweis relativiert, dass vergleichbare Lernarrangements auch ohne die neuen Medien bereits realisiert wurden und werden.

Übersehen wird hierbei, dass mediale Innovationen [7] im schulischen Bereich oft unauffälliger sind, als es medientheoretische Diskussionen vermuten lassen [8]. Für Schule spielt an den neuen Medien nicht nur das absolut Neue eine Rolle. Wichtiger für den Unterrichtsalltags kann die Frage sein, was durch neue Medien technisch, organisatorisch und finanziell leichter zu realisieren ist, selbst wenn diese Möglichkeiten medientechnisch [9] prinzipiell schon vorher gegeben waren. Wenn Erziehungswissenschaftler sich zu der Äußerung versteigen, bisher könnten sie keinen Vorteil des Internets gegenüber einem Stapel alter Zeitung erkennen (Fromm 2001, S. 177), spricht dies nur für ihre Praxisferne [10]. Für die Veränderung von Lernkultur sind unterrichtsorganisatorische Gesichtspunkte, Fragen der Materialbeschaffung, Vorbereitung und Durchführung des Unterrichts durchaus nicht trivial [11]. Bezogen auf den„ Stapel alter Zeitungen" lassen sich schon an einem Thema wie „Nachrichtenvergleich" [12] die unterrichtspraktischen Vorteile von Computer und Internet aufzeigen. Über Suchmaschinen hat man den Zugriff auf eine Vielzahl deutschsprachiger Tageszeitungen. Was für das Thema „Nachrichtenvergleich" skizziert wurde, trifft – wie sich z. B. am didaktischen Modell „Webquest" (s. a. Staiger 2001) zeigen ließe – ebenso auf die Materialbeschaffung, Vorbereitung und Durchführung anderer Formen arbeitsteiliger Gruppenarbeit zu. dass man mit digital vorliegenden Texten anders arbeiten [13], sie verändern, kürzen, umschreiben, kommunizieren und präsentieren kann, liegt auf der Hand [14].

Nach einer internationalen Studie treten qualitative Veränderungen von Unterricht erst ein, wenn sich höchstens vier bis sechs Schüler einen Computer teilen müssen. Die IT-Ausstattung an allgemeinbildenden Schufen dient nicht der berufsvorbereitenden Einführung in den Umgang mit Anwendersoftware, sondern der Veränderung der Lernkultur [15]. Im Zentrum dieser veränderten Lernkultur stehen problemorientiertes, selbsttätiges, kooperatives Lernen und die Vermittlung von Medienkompetenz. Lernarrangements, die diesen Anforderungen entsprechen, sind – zumindest im Schulalltag – nur über die Nutzung von Multimedia und Internet möglich [17]. Pädagogen, die nur über Konzepte diskutieren, spielen Politikern, die sich dem Thema Notebook und Elternbeteiligung aus nahe liegenden Gründen nicht nähern wollen, in die Hand.

Wer für sich in Anspruch nimmt, nicht an der Technik, sondern am pädagogischen Mehrwert der Technik interessiert zu sein, darf sich nicht auf die Diskussion von Konzepten beschränken, sondern muss gleichzeitig Aussagen über den zu ihrer Realisierung notwendigen Grad der Ausstattung treffen. Systematisches Lernen mit neuen Medien ist nicht über Computerarbeitsräume oder Medienecken zu erreichen [18]. Das Arbeits- und Lernwerkzeug „Computer" muss Schülerinnen und Schülern individuell jederzeit zur Verfügung stehen. Die technische Lösung hierfür, heißt – heute – Notebook. Dieses Ausstattungsmodell ist jedoch nicht ohne die finanzielle Beteiligung der Eltern zu realisieren.

Das Thema „Notebooks im Schulranzen" wird spätestens dann auf der politischen Tagesordnung erscheinen, wenn man der Frage nach der Neu- bzw. Ersatzanschaffung von Computern nicht mehr ausweichen kann. Der Ausstattungsstandard der führenden PISA-Länder ist über die bisherigen Ausstattungs- und Finanzierungsmodelle weder mittelfristig realisierbar noch längerfristig aufrechtzuerhalten. Erst die private Anschaffung von Notebooks ab individuell verfügbaren Arbeits- und Lernwerkzeugen ermöglicht es Schulträgern, sich auf die Finanzierung der technisch und pädagogisch erforderlichen schulischen Infrastruktur zu konzentrieren.

Mit dem Schritt zum Notebook im Schulranzen würden Fakten geschaffen. Pädagogische Innovationen können auch durch technische Investitionen beschleunigt werden: Um den Computerarbeitsraum kann man einen großen Bogen machen, am „Notebook im Schulranzen" kommt niemand vorbei. „Notebooks im Schulranzen" führen nicht nur zwangsläufig zu einer Diskussion und Abstimmung über pädagogische Konzepte, sondern erzwingen ebenso unterrichts- und schulorganisatorische Veränderungen.

1. Begriffswechsel → Computer, neue Technologien, neue Medien, Medien, Multimedia
2. Satz zeigt nicht diese behauptete Einseitigkeit
3. Bruch; keine Argumentation, kein Übergang
4. „damit" ist keine zulässige Folgerung; eher: „bestimmen darüber hinaus"
5. „jedoch" paßt nicht, weil kein Widerspruch zu dem vorherigen besteht
6. Stichelei; pädagogisch korrekte Fokussierung wird mit „Primat der Didaktik" gleichgesetzt
7. Begriff „mediale Innovationen"

8. Argument lautet eigentlich: Wirkungen (nicht Innovationen) sind unauffälliger; Veränderungen im Lehren und Lernen sind subtiler als Kritiker denken; der Verfasser spricht jedoch über Innovationen

9. Begriff „medientechnisch" paßt hier nicht; gemeint ist evtl. „didaktisch"

10. Folgerung „Praxisferne" ist nicht einsichtig; Begründung fehlt noch

11. Hier soll eine Begründung geliefert werden. Argument: unterrichtspraktische Aspekte werden nicht wichtig genug genommen; Problem: Fromm spricht über Inhalte, nach Wagner sollte er über Organisation reden

12. Beispiel dafür: „Nachrichtenvergleich"; Suchmaschinen erleichtern das praktische Vorgehen; dies zeigt jedoch nicht, warum das nicht mit „Stapel Zeitungen" geht

13. Ein anderer Punkt: jetzt geht es um Nachrichtenbearbeitung; kein Zusammenhang

14. Der Absatz bringt einen neuen Aspekt ein, obwohl das Argument weiter geht; es fehlt der Bezug;

15. Bezug zum vorherigen Satz fehlt. Als Ziel des Einsatzes der Medien wird „veränderte Lernkultur" (Begriff?) bestimmt.

16. Rede von „Lehrarrangements" und „Anforderungen", die nur über Nutzung von multimedia und Internet realisierbar seien. Die einzig echte Anforderung wäre jedoch „Medienkompetenz" (Begriff?), da ohne Medien nicht möglich

17. Widerspruch: vorher wendet der Verfasser sich gegen reines Bedienen-Lernen von Software; jetzt fordert er „Medienkompetenz". Teil dessen ist jedoch die kompetente Bedienung des Computers

18. Absatz fehlt, kein Zusammenhang zum vorigen; Eigentlich geht es um Anschaffung von Technik;
naturalistischer Fehlschluss:
Tatsache (Ist): Interesse für päd. Mehrwert
Folgerung (Soll): man darf nicht nur über Konzepte reden; man muss sich für den Grad der Geräteausstattung interessieren.

19. „Systematisches Lernen"; gemeint ist eher „zeitlich umfangreich"

Die Argumentation läuft hinaus auf: Damit wir mit Medien umgehen lernen, braucht jeder Schüler ein Notebook.

Themen beurteilen

Mögliche Antworten:

1. Alice Miller – Am Anfang war Erziehung
   • Das Thema ist pädagogisch.
   • Die Themenformulierung lässt aber eher eine journalistische Behandlung des Themas erwarten.
   • Die Themenformulierung ist vage.

2. Altruismus – Illusion oder Wirklichkeit
   • Einstellungen/Persönlichkeitsmerkmale sind keine genuin pädagogischen Themen.
   • Die Formulierung „Illusion oder Wirklichkeit" lässt vermuten, dass geprüft werden soll, ob ein derartiges Persönlichkeitsmerkmal empirisch nachweisbar ist. Die Art der Themenformulierung lässt aber eher eine essayistische Behandlung erwarten, keine Analyse von Persönlichkeitsmodellen und Sekundäranalyse empirischer Untersuchungen
   • Die Themenformulierung ist sehr vage.

3. Ansätze einer Wissenschaft vom Menschen
   • In dieser Formulierung noch keine pädagogische Fragestellung.
   • Denkbar sind zwei Zugänge: Eine Darstellung anthropologischer Ansätze oder neuere Überlegungen zu Aufgaben und Arbeitsmöglichkeiten einer Humanwissenschaft. Im ersten Fall könnte es sich um eine wissenschaftliche Arbeit handeln, im zweiten ist eher eine wissenschaftspolitische Darstellung zu erwarten.
   • Es fehlt eine Fragestellung. Zu befürchten ist eine Beschreibung ohne (wissenschaftliche) Reflexion.

4. Anthropologie: Psychologische Anthropologie. Eine Einführung
   • Ein pädagogischer Zugang wird ausdrücklich nicht angestrebt.
   • Eine wissenschaftliche Qualifikationsarbeit soll grundsätzlich keine Einführung bieten (wie Handbücher, Übersichtsartikel in Zeitschriften usw.),

sondern eine Forschungsfrage untersuchen. Eine reflektierte Analyse ist bei dieser Titelformulierung eher nicht zu erwarten.

• Das Thema ist zu weit gefaßt, um es in einer Qualifikationsarbeit differenziert und in die Tiefe gehend behandeln zu können.

5. Anthroposophisches Menschenbild als Grundlage der Waldorfpädagogik. Teilaspekte

• Es geht zumindest um ein für die Pädagogik relevantes Thema – wenn nicht isoliert nur das anthroposophische Menschenbild behandelt wird.

• Das Thema kann man natürlich wissenschaftlich behandeln. Die Gefahr ist, dass hier nur aus der ‚Gemeinde'-perspektive referiert werden soll, von welchem Menschenbild die Waldorfpädagogik nach ihrem eigenen Verständnis ausgeht. Wenn diese Verengung vermieden wird, könnte dies eine interessante, allerdings auch anspruchsvolle Arbeit werden. Denn klare Begriff, strukturierte Darstellungen und intersubjektiv nachvollziehbare Begründungen wird man in der Literatur zur Anthroposophie nur selten finden.

6. Aries – Geschichte der Kindheit

• Der Bezug zur Pädagogik ist nicht erkennbar: Aries' Darstellung ist (sozial-)geschichtlich.

• Erwartbar ist ein Referat, eine Kurzfassung von Aries. Damit zeigt man dann, dass man lesen kann – wissenschaftlich ist das noch nicht.

7. Auswirkung veränderter Kindheit im Anfangsunterricht

• Im günstigsten Fall wird hier eine Analyse von pädagogischen Konzepten zum Anfangsunterricht unter der Frage angekündigt, welchen Besonderheiten der heutigen Kindheit sie berücksichtigen, und auf welcher empirischen Basis sie das tun.

• Die Fragestellung ist allerdings so global formuliert, dass sie sich wissenschaftlich nicht beantworten lässt: ‚Die' veränderte Kindheit lässt sich in ihren Auswirkungen nicht untersuchen.

• Die Themenstellung ist zu vage.

8. Maria Montessori
- Das ist kein Thema, sondern zunächst einmal nur ein Name, der allerdings mit einem pädagogischen Konzept verknüpft ist, insofern also ein pädagogisches Thema.
- Wenn sich die Arbeit nicht darin erschöpfen soll, ein Referat wesentlicher Aspekte der Montessoripädagogik zu liefern, müsste aus dem Namen zunächst einmal eine Frage-/Problemstellung werden. Hinsichtlich der Literatur gilt ähnlich wie bei der Waldorfpädagogik, dass die meisten Texte eher unkritisch sind und aus der ,Gemeinde' stammen. Wissenschaftliche Texte im engeren Sinne sind eher die Ausnahme.
- Die sehr unbestimmte Themenformulierung lässt als zweifelhaft erscheinen, dass hier eine differenzierte wissenschaftliche Auseinandersetzung folgt.

9. Der Praxeologiebegriff Dietrich Benners und die Lebensweltorientierung
- Nur als pädagogisches Thema erkennbar, wenn man weiß, dass Benner als Erziehungswissenschaftler ein Konzept vertritt, das er als praxeologisch bezeichnet.
- Ein wissenschaftlicher Zugang ist erkennbar, ob die Arbeit so sinnvoll angelegt ist, bleibt aber fraglich,
- da gleich zwei hochkomplexe Begriffe in der Themenstellung erscheinen. Was Benner unter „Praxeologie" versteht ist nicht eben einfach zu erfassen, „Lebensweltorientierung" noch weniger. Bescheidener und präziser wäre besser. So ist erwartbar, dass das Unternehmen auf den Versuch hinausläuft, den Pudding an die Wand zu nageln.

10. Wissenserwerb unter konstruktivistischer Perspektive
- Konstruktivistische Positionen befassen sich zunächst einmal mit erkenntnistheoretischen Fragen, deren pädagogische Relevanz nicht unmittelbar erkennbar ist.
- Wissenschaftlich ist das Thema zwar bearbeitbar,
- müsste aber angesichts der zahlreichen, mitunter begrifflich nicht eben präzisen konstruktivistischen Ansätze eingeschränkt werden.

11. Einführung in die Pädagogik (Hermann Giesecke)
    * Erkennbar geht es um Pädagogik, aber
    * Gieseckes Einführung ist kein wissenschaftlicher Text, sondern seine Sicht der Dinge, eine programmatische Schrift. Frage: Wie stellt man unter Beweis, dass man wissenschaftlich arbeiten kann, indem man diesen Text darstellt? Dazu müsste dann Gieseckes Text schon nicht nur referiert, sondern unter systematischen Gesichtspunkten analysiert werden (z.B. das Wissenschaftsverständnis Gieseckes). Das ist dann aber nicht nur anspruchsvoll, sondern vor allem nicht sonderlich sinnvoll an einem Text zu untersuchen, der in der Darstellung nicht um maximale wissenschaftliche Präzision bemüht ist.

12. Verfallsgewissheiten und wiederkehrende Anfänge
    * Wo ist hier die Pädagogik?
    * Das Thema ist journalistisch formuliert, lässt einen wissenschaftlichen Zugang nicht erwarten.
    * Die Formulierung ist wolkig unbestimmt.

13. Synergie
    * Steigerung gegenüber dem vorgenannten Thema: noch mehr Nebel.

14. Erzieherische Kommunikation aus systemtheoretischer Perspektive
    * Pädagogik kommt hier als Anwendungsfall für eine systemtheoretische Analyse zur Sprache.
    * Die Themenformulierung ist für eine wissenschaftliche Arbeit angemessen.
    * Schön wäre hier, wenn die Thematik nicht nur im Grundsätzlichen verhandelt, sondern ein systemtheoretischer Zugang der Beschreibung und Analyse von Kommunikation konkretisiert würde.

15. Geschichte der Pädagogik im Überblick
    * Pädagogik, allerdings in historischer Sicht.
    * Worin allerdings bei dieser Ultrakürzestfassung von Kurzfassungen der Geschichte, zudem ohne Fragestellung, die wissenschaftliche Leistung bestehen könnte, ist unklar.

16. Alkoholismus in der Familie
    - Ist bestenfalls ein sozial-pädagogisches Thema, eher ein soziologisches oder psychologisches. Damit es hier nicht bei soziologischen Statistiken und dazu „passenden" psychodynamischen Spekulationen bleibt, welche Faktoren im Zusammenhang mit Alkoholismus stehen, ist hier zunächst zu klären, welche pädagogische Relevanz dies Thema hat bzw. welche pädagogischen Aspekte in der Arbeit behandelt werden sollen.

17. Der Erziehungsgedanke im Jugendstrafrecht – Idee – historische Entwicklung – gegenwärtige Diskussion – Bilanz
    - Lässt eine interessante Analyse erwarten, wenn der Versuchung widerstanden wird, einen kompletten Überblick zu liefern – die Art der Themenformulierung gibt Anlass zur Sorge.

18. Der Vorgesetzte als Coach: Konzeption und Methodik der Gestaltung eines Trainings zur Entwicklung von Führungskräften zu Mitarbeiter-Coachs
    - Wo ist die Pädagogik?
    - Eines der zu Unrecht beliebten Themen aus der Management-Ratgeber-Ecke. Das Problem: Die vorhandene Literatur hat überwiegend keinen wissenschaftlichen Anspruch, sondern will praktische Hilfen anbieten und schmackhaft machen. Diese Textsorte liefert routinemäßig mehr Gewissheiten als man haben kann, wenn man wissenschaftlich denkt. Natürlich kann man sich auch mit diesem Thema wissenschaftlich auseinander setzen, z.B. Konzepte auf innere Stimmigkeit prüfen, systematisch explizite oder implizite Menschenbilder, Normalitätsvorstellungen usw. analysieren. Üblicherweise sind aber Arbeiten zu solchen Themen ebenso theoriearm und anwendungsorientiert wie die einschlägige Literatur.

19. Drop-out in der beruflichen Ausbildung
    - Wo ist die pädagogische Relevanz dieses Themas? Es reicht nicht, dass die pädagogische Arbeit irgendwie davon beeinflusst ist – das ist sie von der Grippe auch.
    - Wieder ein Modebegriff – der erst einmal zu präzisieren wäre.

- Dann lässt sich das Thema sowohl empirisch als auch theoretisch bearbeiten. Die Gefahr ist allerdings in beiden Fällen groß, dass ein wissenschaftliches Niveau der Auseinandersetzung kaum erreicht wird.

20. Förderung von Interaktion bei autistischen Kindern
   - Die Erklärungsansätze für Autismus sind nicht pädagogisch, sondern medizinisch und psychiatrisch. Entsprechend ist die Frage, ob es Maßnahmen gibt, die ausreichend theoretisch (!) und pädagogisch (!) begründet sind.
   - Die Darstellung mehr oder weniger theoriefreier Maßnahmen und psychiatrischer Mutmaßungen ergeben noch keine wissenschaftliche Arbeit.

21. Lernen von Senioren und Seniorinnen im Internet
   - Dazu muss zunächst einmal ,das' Internet bescheidener gefaßt werden.
   - Dann lässt sich aber durchaus die Frage bearbeiten, wie ältere Menschen (anders) lernen und welche pädagogische Relevanz das Lernen im Internet für sie haben kann.

22. Macht in der Partnerschaft
   - Eine gewaltige Formulierung – hinter der sich alles verbergen kann. Es sollte von pädagogischer Relevanz sein.
   - Bei solchen Themen besteht häufig eine Nähe zu letzten Deutungen des menschlichen Seins unter besonderer Berücksichtigung des Spannungsverhältnisses zwischen den Geschlechtern. Für eine wissenschaftliche Arbeit sollte die Auseinandersetzung bescheidener und präziser sein.